Robert Poynton

Improvisa

Menos esfuerzo. Más pausa.
Mejores resultados.
Una nueva forma de enfocar el trabajo
(y la vida).

Para Beatriz

© Ediciones Kōan, s.l., 2022
c/ Mar Tirrena, 5, 08912 Badalona
www.koanlibros.com • info@koanlibros.com

Título original: *Do Improvise*
© The Do Book Company 2013
Works in Progress Publishing Ltd

Texto © Robert Poynton 2013, 2022
Ilustraciones © Nick Parker 2022
Traducción © Eva Dallo

ISBN: 978-84-18223-80-8 • Deposito legal: B-14646-2023
Diseño de cubierta: James Victore
Diseño del libro: Ratiotype
Maquetación: Cuqui Puig
Impresión y encuadernación: Liberdúplex
Impreso en España / *Printed in Spain*

1ª edición, septiembre de 2023

Contenido

Prólogo

Dejarse la piel

Cuando escribí este libro en 2012, sabía que algunas personas lo encontrarían interesante y útil. Tuve el presentimiento de que algunos podrían convertirse en entusiastas, en fans incluso, y, felizmente para mí, tenía razón. Pero lo que en ningún momento se me pasó por la cabeza fue que llegaran a grabar estas ideas en su carne. Sin embargo, así fue.

Sé de más de una persona que ha inscrito el modelo en el que se basa este libro de manera permanente, con tinta, en su propio cuerpo, como tatuaje. A eso le llamo yo dejarse la piel.

Un compromiso así me conmueve y, además, resulta que está bien fundado. Como dijo un entusiasta: «El modelo es básicamente indestructible». Más de diez años después, las ideas centrales han resistido la prueba del tiempo.

No he tenido grandes revelaciones ni he cambiado de opinión. No he tenido que inventar un nuevo idioma, ni modificar el modelo para adaptarlo a circunstancias cambiantes. En cierto modo, no tengo nada nuevo que decir, al menos nada que afecte lo básico. Las ideas siguen en pie, tan sencillas y obvias como cuando las escribí por primera vez. Tan vigentes ahora como entonces.

Es sorprendente. No es que no haya pasado nada en los últimos diez años. Cada día hay algo que nos recuerda lo ingobernable que es la vida. Las ideas y las enfermedades se propagan a un ritmo vertiginoso y de manera impredecible; las tecnologías despegan o desaparecen; los mercados se disparan o se hunden; un simple acto convierte al héroe de ayer en el villano de hoy; tus lindos hijos se metamorfosean en adolescentes irascibles. Las empresas ya no cambian, sino que «dan un giro», término que puede haber pasado de moda para cuando leas esto: el propio lenguaje también cambia, reflejando y amplificando todas las demás transformaciones.

No es excepcional. Es normal. Así son las cosas. Durante los últimos diez años, algo que siempre ha sido cierto se ha hecho aún más evidente. A saber, lo poco que tenemos bajo nuestro control, a todos los niveles, desde parcelas íntimas como nuestra vida social y profesional hasta la sociedad global y los ecosistemas planetarios con los que estamos inextricablemente entrelazados. Nosotros no determinamos el flujo de los acontecimientos.

Ideas ancestrales

Se trata de una verdad ancestral. Como dijo Heráclito de Éfeso hace más de dos mil años: «Ningún hombre se baña dos veces en el mismo río, porque no son el mismo río ni el mismo hombre». Sin embargo, muchos de nosotros nos sentimos desconcertados por ese flujo que no para, como si estuviéramos sumergidos en un río en plena crecida, «sin luchar, pero ahogándonos».

Las ideas de este libro no detendrán esa crecida. No aportan una respuesta, ni pretenden hacerlo. De hecho, apuntan a la búsqueda de respuestas concluyentes como la raíz del problema. Lo que sí proporcionan, en cambio, es una forma de aprender a flotar y nadar, de navegar por aguas turbulentas con una creciente sensación de habilidad y destreza. Hacer «lo que puedas, donde estés, con lo que tengas» y obtener satisfacción, incluso alegría y deleite al hacerlo.

Estas ideas no son parte de un novedoso sistema de gestión, ni están vinculadas a una tecnología en particular. Tienen más en común con tradiciones antiguas y duraderas, como el estoicismo o el budismo zen, que con las tendencias de hoy en día. Han sido desarrolladas para permitirnos lidiar con esa ingobernable y desordenada realidad cotidiana que todos intentamos ignorar pero tenemos que afrontar.

No es de extrañar que no hayan cambiado.

Nuevas historias

Si no hay nada nuevo que decir, entonces, ¿por qué una nueva edición? El maestro zen Shunryu Suzuki dijo una vez a sus alumnos: «Cada uno de ustedes es perfecto tal como es... y no les iría mal mejorar un poco».

En los últimos años he profundizado mi experiencia, sin alterarla. Cuanto más practico, más aprendo y más oportunidades de practicar encuentro. Cuanto más profundamente lo integro, más potentes son las conexiones con la vida cotidiana.

He visto cómo algunas personas se han tomado estas historias en serio y las han usado, en casa y en el trabajo, de formas que no se me hubieran ocurrido. Esta edición contiene algunas de sus historias, entretejidas en los capítulos, para agregar otras voces y perspectivas diferentes a las mías. Entre ellos hay facilitadores, un educador, un artista y un escritor.

No estoy sugiriendo que copies a esas personas. Solo espero que te sirvan de inspiración para descubrir lo que mejor te funciona a ti. Oír lo que otros han hecho le da cuerpo a este conocimiento y nos permite hacernos una idea de lo que podríamos emprender con él.

Cada entrevista ilustra algunas de las ideas del capítulo al que sigue. Dicho esto, cabe destacar que las personas integran las prácticas en el conjunto de su vida, por lo que es difícil afirmar dónde acaba la una y empieza la otra…, lo cual, en sí, ya es una lección. Mi modelo de ejercicios de improvisación, como todos los modelos, separa cosas que están entretejidas. Las historias muestran que todo está conectado. Espero que esto te anime a comenzar por donde tú quieras.

Las ilustraciones para esta edición (que son nuevas) son otro ejemplo de improvisación en acción. La idea de cómo hacerlas surgió, de manera no intencionada, mediante la conversación. Se hicieron de forma rápida y fácil, y Nick (que las dibujó) disfrutó con ello, utilizando un proceso que era, asimismo, improvisado. Así que, además de ilustrar el libro, los dibujos ilustran también los beneficios de trabajar de esta manera (puedes leer más sobre esto en la página 154).

Como no podría ser de otra manera en un libro de esta colección *Do*, en este hay muchas sugerencias de cosas que puedes hacer. Las más explícitas son los juegos que he incluido en el capítulo final. Paradójicamente, las descripciones largas pueden interpretarse como guiones, razón por la que he optado por no dar demasiados detalles. Esto me permite incluir más juegos y que tú llenes los espacios en blanco como desees. Los juegos se pueden usar de maneras infinitas, así que no te preocupes por hacerlo «bien». No te cortes a la hora de unirlos o combinarlos. Te animo no solo a que los juegues, sino a juguetear con ellos.

La alegría de la incertidumbre

Mi propia comprensión de estas ideas y su relevancia ha evolucionado durante los últimos diez años. Me han llevado más lejos de lo que hubiera podido imaginar.

Por lo general, la improvisación se considera un último recurso. Es lo que haces cuando todo lo demás falla. A menudo se percibe como señal de fracaso. Cuando escribí este libro me propuse desafiar ese punto de vista. Hacía poco que había acabado de construir nuestra casa en España y la experiencia me había enseñado que, si quieres hacer algo, incluso una casa, necesitas tanto planificación *como* capacidad de adaptarte creativamente, es decir, de improvisar.

Ahora iría más allá. La incertidumbre no es solo un obstáculo que debemos superar para obtener un resultado. Es la fuente de gran parte de la alegría, la satisfacción y gratificación en la vida. Creo que las cosas están al revés: lo que pensamos que nos proporcionará alegría genera gran parte de nuestro dolor. Y viceversa.[*]

La premisa básica de nuestro mundo moderno es que tenemos que llegar a otro lugar. Según esta narrativa dominante, una vez que lo consigamos, todo estará bien. Necesitamos llevar a los niños a la guardería adecuada (o escuela, o universidad); o conseguir un nuevo trabajo, o algunos clientes más, o publicar un libro, o comenzar otro proyecto. Para muchas personas, alcanzar una buena posición «financiera» (sea lo que sea) es muy importante.

Independientemente de lo que busquemos, siempre será inalcanzable. Nos decimos a nosotros mismos (y los unos a los otros) que estamos a punto de lograrlo. Que con un poco más de esfuerzo/dinero/dedicación/tecnología (quita o añade tus términos según corresponda), pronto lo conseguiremos. Solo necesitamos la herramienta, el sistema, el truco o la aplicación adecuados. O algunos recursos más. Una vez que hayamos tachado todas las cosas pendientes de la lista y tengamos el control, todo estará bien. Y seremos felices.

---

[*] En este punto me quito el sombrero ante Margaret Heffernan. Sus charlas y textos me ayudaron a comprender mucho mejor mi propio pensamiento.

Esta lógica es fantástica. Como si pudiéramos alcanzar la olla de oro al final del arco iris o nunca hubiéramos oído la historia del Rey Midas. John Lennon tenía razón cuando cantó: «La vida es lo que sucede mientras estás haciendo otros planes». No sucede en otro lugar. Sucede aquí, ahora.

Olvidamos, o desconocemos, que sería letal poder planificar nuestras vidas hasta el último detalle. La sorpresa, el deleite, la alegría, la autodeterminación y la identidad dependen de la incertidumbre. No podríamos vivir sin ella, literalmente.

En este contexto, la improvisación no es solo una herramienta para poder superar los momentos difíciles. Es una forma de desarrollar la capacidad para vivir una vida más plena. Nos brinda recursos prácticos que nos permiten no solo lidiar, sino disfrutar con la espectacular, incomprensible e inevitable complejidad, llena de matices, de la vida. Afrontar el desorden de nuestra propia vida sin malos presentimientos, cada momento de cada día. Vivir donde estamos y disfrutar de lo que hay, no anhelar otro lugar u otras cosas.

Es fácil olvidarse de ello. No porque seamos estúpidos, o lentos, sino porque las lecciones importantes en la vida son las que tenemos que aprender una y otra vez. Como dice el profesor de yoga Lucas Rockwood: «La práctica lo es todo».

El camino se hace al andar

Cuando escribí este libro por primera vez, mis hijos eran aún pequeños. Ahora son jóvenes adultos. Cuando yo tenía su edad, todo parecía más fácil. Estudiabas mucho para sacar buenas notas y conseguir un buen trabajo. En eso consistía todo. Ahora hay, simultáneamente, más ambigüedad y más oportunidades.

Como escribió el poeta español Antonio Machado: «El camino se hace al andar». Las personas de la generación de mis hijos no tendrán más remedio que hacer su propio camino. Como sociedad, necesitamos una nueva definición de lo que significa una buena vida. Para saber qué nueva forma podrían adoptar nuestros sistemas e instituciones, primero los tendremos que renovar.

Si bien es indudablemente cierto que nos enfrentamos a crisis múltiples e interconectadas, esto no tiene nada de especial ni temporal. Cada generación piensa que es única. Andar a tientas en la oscuridad es la manera en que funcionan las cosas.

Aprender a vivir con esto exige algo más de nosotros. Y aquí es donde creo que los ejercicios de improvisación nos pueden ayudar. Son como los andamios que nos ayudan a sostenernos y dar forma a lo que estamos construyendo. No menos importante, nos permiten mantener la cordura y disfrutar de la compañía de los demás por el camino.

También son sencillos y duraderos. Por eso, si te gusta verlos escritos y quieres tener un recordatorio siempre a mano, quizá podrías tatuártelos.

1
La promesa

Quería hacer pollo con aceitunas. Un plato tradicional español me pareció la mejor manera de demostrar a mis nuevas amistades lo bien que me estaba adaptando a la vida en Madrid. Sin embargo, como suele pasar, la cena se aplazó. El jueves me iba igual de bien que el martes, o eso pensé. Pero cuando saqué los ingredientes de la nevera, un fuerte olor a agrio me dijo que ese pollo ya no era lo más adecuado para mis invitados.

Así que tuve que improvisar.

El pollo se fue al cubo de la basura, junto con mi idea inicial y las ganas de que fuera impresionante. En su lugar, preparé una salsa para pasta superaburrida con cebolla, atún y tomate. A pesar de ello, mis invitados quedaron impresionados. Carmen, la tía de mi esposa, me preguntó cómo había conseguido ese toque picante. Yo también me lo pregunté, pues no recordaba haber puesto nada picante, así que me encogí de hombros, esperando dar la sensación de que ocultaba un ingrediente secreto, parte de un plan maestro.

A no ser que comprar el pollo tres días antes de tiempo cuente, la verdad es que no había ningún plan maestro. Sin embargo, resulta que sí había incluido un ingrediente secreto. Tan secreto que ni siquiera yo lo sabía. Más tarde recordé que la noche anterior mi sartén de hierro fundido había hospedado unos pequeños pimientos picantes españoles llamados «pimientos del Padrón». El rastro de aceite que habían dejado era lo que había dado ese brío inesperado a mi salsa para pasta.

Un mundo complejo exige una respuesta improvisada

Cocinar suele ser así. Como la vida y el trabajo. Lo inesperado es nuestro inseparable compañero. Los callejones sin salida, las curvas no anunciadas y las conexiones fortuitas son cosas de todos los días. La vida es desordenada. Por mucho que nos esforcemos en evitarlo, permanentemente nos ocurren hechos que no hemos previsto, ni esperábamos ni deseábamos; de una rueda pinchada a una economía que se desinfla.

No es una excepción, ni un efecto secundario. No es que lo estemos haciendo mal. Las cosas son así. La vida es una vertiginosa catarata para la que nadie tiene un guion. Y, como veremos, es mejor así.

Un mundo complejo exige una respuesta improvisada. No puede haber un guion, ni siquiera en teoría: no hay dinero ni potencia informática en el planeta que puedan generarlo. El mundo, incluso esta pequeña fracción que habitamos, cambia tan rápido que no podemos registrarlo. Dado que todo está interconectado, el mundo es impredecible y siempre lo será. Nuestros intentos de dividirlo en partes más manejables son de utilidad limitada, porque el todo —como las familias, las organizaciones o las personas— tiene propiedades que no se encuentran en las partes. Nada permanece quieto por mucho tiempo y todo se acaba desmoronando. Si un sistema no responde, fallará. Esto aplica a nosotros mismos, a nuestras organizaciones y a nuestra sociedad en su conjunto.

Sin embargo, de alguna manera, nos las arreglamos. E incluso prosperamos. Logramos cosas que no imaginábamos y obtenemos resultados que no esperábamos, por razones que no podíamos adivinar. Aunque, después, pocas veces contamos la historia tal y como es. Al echar la vista atrás, trazamos líneas rectas entre causa y efecto, racionalizando acciones y decisiones que en aquel momento no eran claras ni evidentes. Suavizamos las cosas, pasando por alto que en la lucha se encuentran tanto el reto como la alegría.

Salimos del paso porque por naturaleza somos buenos en la adaptación creativa, y en todo lo que hacemos hay una buena dosis de ello. De hecho, somos tan buenos que rara vez lo notamos. Constantemente flexibilizamos, respondemos, ajustamos, reajustamos, mejoramos, afinamos, adaptamos o modificamos lo que estamos haciendo. Como todos los seres vivos, somos, en resumen, increíbles improvisadores.

Sin embargo, a menudo ignoramos o menospreciamos la improvisación. La mayor parte del tiempo simplemente no somos conscientes de ello. El primer día de The Everyday Improviser, un curso en línea que dirijo con Gary Hirsch, por ejemplo, uno de los participantes dijo:

Si hace una hora me hubieras preguntado si improvisaba, hubiera dicho que no, pero ahora me doy cuenta de que cada conversación es improvisada porque estás jugando con lo que alguien acaba de decir o con algo que acaba de hacer, así que, de repente, es parte de mí, parte de la vida.

Siempre había estado ahí, pero él, simplemente, no lo había visto. No porque sea un misterio, sino por lo ordinario que es. La improvisación no es una habilidad especial o peculiar, propiedad exclusiva de unos pocos talentos del teatro. Es la capacidad de responder de manera adecuada a los acontecimientos, a medida que surgen, sin depender únicamente de información o planes previos. En ese sentido, todos somos improvisadores. Todos los días, en casa y en el trabajo, nuestras vidas se tejen con la fluctuación de complejos bucles de respuestas a respuestas a respuestas.

Esto es así a todos los niveles, desde nuestras conversaciones más íntimas hasta acontecimientos a escala mundial. Estos últimos pueden desarrollarse a un ritmo más lento y, aunque sea tabú reconocerlo, nadie está al mando, y nuestra capacidad para predecir acontecimientos con un mínimo grado de fiabilidad es mucho más limitada de lo que nuestros líderes o cualquiera de nosotros queremos reconocer. En nuestra cultura, la improvisación no se celebra, sino que se considera un último recurso o una señal de fracaso. Improvisar, particularmente para las personas eminentes o en posiciones de poder, no es respetable. Si los descubrimos haciéndolo, decimos, con desprecio, que están *improvisando*. Tal y como explica el cineasta David Keating, por ejemplo, «en nuestra industria, *improvisación* es una mala palabra. Pero los planes por sí solos no harán una película, y mucho menos una buena».

Es una pena y un desperdicio. Despreciar la improvisación hace que salgamos perdiendo en varios aspectos.

Primero, no acabamos de entender nuestro éxito. Perdemos tiempo y energía al pasar por alto cómo nuestra increíble capacidad de improvisar contribuye a nuestros logros. Trabajamos cada vez más en la planificación y el análisis, que son útiles hasta cierto punto, pero tienen rendimientos decrecientes. Nos esforzamos cada vez más, haciendo más de lo mismo, lo cual nos frustra y estresa. Como un cobaya en una rueda, acabamos corriendo cada vez más rápido sin llegar a ninguna parte. Esto es agotador, e incluso perjudicial.

En segundo lugar, no nos preparamos todo lo bien que podríamos. Si solo prestamos atención al plan, no nos damos cuenta de qué más está pasando. Esto significa que cometemos (o repetimos) errores que podríamos evitar. Hay formas más prácticas y económicas de prepararse para las desordenadas realidades a las que nos enfrentamos (como veremos).

Esto significa también que dejamos de desarrollar nuestra capacidad de improvisación. Ponemos techo a una capacidad que es más importante de lo que creemos y podría darnos más de lo que imaginamos. No practicamos ni cultivamos los dones naturales que tenemos. Los usamos de manera más torpe de lo que podríamos.

Al dejar de lado la improvisación, dejamos de lado una parte de nosotros mismos, haciendo una lectura incorrecta de nuestra propia naturaleza. Un gran regalo se convierte en un niño huérfano que quitamos de nuestra vista. Como consecuencia, algo hermoso se pierde. Actuamos como si el control y la certeza nos hicieran felices cuando, en realidad, no hay nada más lejos de la verdad.

Margaret Heffernan, profesora de Práctica en la Universidad de Bath, habla abiertamente sobre el valor de la incertidumbre. Dice: «La incertidumbre es un aspecto que no se puede erradicar absolutamente de la vida, y tiene mala prensa».

Heffernan sugiere un experimento mental para ilustrar su afirmación. Imagina que pudieras saber todo lo que va a suceder: con quiénes te encontrarás (y qué dirán); cómo se desarrollará tu carrera (o tu matrimonio); cuándo, dónde y cómo morirás; incluso detalles como lo que vas a comer cada día. Si esto fuera así, la vida equivaldría a «esperar el tren». No sería una gran vida. Si todo estuviera guionado, la experiencia sería irreconocible para el ser humano.

La mayor parte de lo que amamos en la vida, la sorpresa y el deleite, la sensación de que lo que hacemos marca la diferencia, de que podemos elegir, nuestra capacidad de crear cosas, nuestro sentido de identidad, depende de la incertidumbre. Es por eso que las ideas en las que se basa la improvisación son tan prometedoras. Nos permiten entender cómo nutrirnos y guiar nuestras acciones para poder vivir más deliberada y felizmente en «el vacío fértil», en lugar de tratar de escapar de él desesperadamente.

La «oferta» de este libro, como diría un improvisador, es aprender a comprender, confiar en y desarrollar nuestra capacidad de improvisar. Estar más dispuestos y adquirir pericia en ser flexibles, en adaptarnos y ajustarnos a lo que tenemos, en lugar de anhelar otra cosa. Esto es más que un mecanismo de supervivencia. En esto consiste la vida.

No requiere especial talento o inteligencia. No requiere tecnología alguna ni demasiada teoría. Lo que sí se necesita es curiosidad y la voluntad de estar disponible. Si cultivas eso, tu vida puede ser más fácil y simple, con más diversión y menos estrés. Descubres una manera de sacar más provecho a la vida, que no tiene que ver con esforzarse más. Por decirlo de una manera más prosaica, logras hacer más y más fácilmente. Es un planazo.

Se parece a aprender un segundo idioma. Aprender a hablar otro idioma de manera fluida amplía tu capacidad de comprensión. Ves y escuchas cosas que no podías ver ni escuchar con anterioridad. Puedes conectar con gente nueva de otra manera. Enriquece tu forma de pensar. Te abre una gran cantidad de posibilidades antes cerradas para ti.

La posibilidad de convertirte en un improvisador más fluido es parecida. Te abre una nueva dimensión. Donde antes solo había problemas, ahora también ves «ofertas». En lugar de lamentar los contratiempos, te concentras en encontrar una manera para sacarles partido. Cuando te quedas atascado, no te inmutas. Aprendes a hacer pausas porque sabes que prestar mucha atención es una reacción que da más frutos que correr alocadamente. La dificultad no desaparece, pero te involucras en lugar de luchar en su contra.

La serie de televisión *Band of Brothers* cuenta la historia de la Compañía Easy (del 506.º Regimiento de Infantería de Paracaidistas) en la Segunda Guerra Mundial. En un momento dado están a punto de acceder a un campo de batalla en el que estarán rodeados. Cuando un oficial en retirada les advierte de ello, el comandante responde: «Somos paracaidistas, teniente. Se supone que debemos estar rodeados».

De los improvisadores se espera que estén en medio de las turbulencias. Las circunstancias volátiles, inciertas, complejas y ambiguas son su hábitat natural. Buscan la incertidumbre porque saben que es una fuente de novedad, posibilidad, alegría y deleite, así como de dificultad y desafío. Se deleitan y prosperan en ella.

Añaden interrupciones, objeciones y sorpresas sin esfuerzo a medida que avanzan. Son capaces de construir ideas y relaciones permanentemente, incluso en circunstancias complicadas. Nos demuestran que, para crear y dar forma a las historias de las que somos parte, no necesitamos controlar cada elemento, sino que basta con una mano en el timón. Afortunadamente para los demás, también nos dan algunas pistas sobre cómo hacerlo, independientemente del momento vital en el que nos encontremos.

Esto significa algo más que pulir unas cuantas habilidades olvidadas. Representa un gran cambio de mentalidad. En lugar de intentar doblegar los acontecimientos (y las personas) a nuestra voluntad, nos centramos en descubrir cómo trabajar con lo que nos encontramos. Esto puede ser muy liberador. Te das cuenta de que no tienes que saberlo todo. Que no tienes que estar siempre «encima de las cosas», sino que puedes permitirte estar «en la salsa». Que puedes usar indicadores físicos como la posición o el espacio para pasar de las palabras a los hechos y crear una acción real.

Un simple «sí» en lugar de un «sí, pero» puede hacer que trabajar contigo sea un placer y convertirte en alguien mucho más creativo.

Hay, de hecho, muchas formas sensatas, inteligentes y prácticas de comportarse, muchas de las cuales has hecho tuyas, que no requieren dominio ni control. En el fondo, esta actitud se basa en la humildad y la aceptación, lo cual te ayuda a ser más compasivo, especialmente contigo mismo. Es una manera de ser más liviana.

La capacidad de improvisación no es un talento especial con el que nacemos, sino algo que todos tenemos en una u otra medida y que se puede practicar y desarrollar. Los improvisadores también se preparan, pero preparan un territorio, no un camino. El objetivo de este libro es darte algunas ideas sobre cómo hacerlo y mostrarte por qué vale la pena el esfuerzo. Improvisar bien te permite utilizar los recursos que tienes de una manera más satisfactoria, sorprendente y amena. Aquí se puede hacer mucho con poco. El simple hecho de aceptar que la vida es desordenada y analizar cómo trabajar con ello puede resultar liberador.

Aprender este nuevo «idioma» no implica abandonar el antiguo, como tampoco aprender chino implica olvidar el inglés. El objetivo no es que uno sustituya al otro, sino que amplíes tu repertorio y tengas un nuevo recurso con el que trabajar. Es un enfoque complementario, no alternativo. Como diría un improvisador, es un «sí y....» del que hablaremos más adelante.

La gente piensa que la improvisación es algo rebelde y caótico, pero, en realidad, es una disciplina con estructura propia. Esta disciplina tiene una serie de virtudes poco comunes. Parte de la premisa de que lo que sucede a nuestro alrededor y las personas que provocan mucho de ello están fuera de nuestro control. En consecuencia, nos anima a que no perdamos tiempo ni energía intentando controlarlos en vano. En su lugar, se centra en cómo utilizar lo que nos dan, aunque sea un desafío o una objeción, y nos prepara para ver en ello una oportunidad.

Presta atención a lo que podemos controlar, que es nuestra propia actitud y respuesta a lo que sucede. A mí me parece algo muy sabio. En última instancia, y en cualquier caso, nuestra principal lucha en la vida es con nosotros mismos.

Cuestión de práctica

La esencia del método se puede resumir en un pequeño número de prácticas que se entienden rápidamente, son fáciles de recordar y se pueden usar para siempre. Con prácticas me refiero a hábitos sencillos y preguntas que actúan como ideas-guía en cualquier situación, y dan forma (pero no dictan) nuestra respuesta.

Por lo tanto, la improvisación no está reñida con la estructura: todo lo contrario, se basa en ella. Pero es una estructura particular, generativa, no restrictiva. Yo puedo explicarte cómo funcionan las prácticas, pero tú eres libre para elegir qué hacer con ellas.

La cuestión es hacer algo. Leer sobre las ideas es una cosa, pero este libro trata de hacer, y las ideas que se explican aquí solo comenzarán a funcionar una vez las pongas en práctica.

Hay muchas oportunidades de integrar las prácticas directamente en la vida diaria. Un número infinito, de hecho. En cualquier momento, cuando estás atascado, o te tambaleas, o buscas algo nuevo o diferente, la práctica de la improvisación te ofrece preguntas sencillas que desembocarán en la acción (como «¿qué puedo hacer para percibir esta dificultad como algo útil?»). Se puede aplicar a casi cualquier cosa. No obtendrás una receta, pero sí te podría ayudar a cocinar un tipo de vida diferente. La dificultad, si la hay, no reside en encontrar oportunidades para usar la práctica, sino elegir entre ellas.

Para ayudarte con esto, en los siguientes capítulos he optado por centrarme en tres temas generales que son importantes tanto para nuestras organizaciones como para nosotros mismos, a saber: comunicación, creatividad y liderazgo.

Independientemente de lo que te interese, la práctica de la improvisación te ofrece un modo de actuar para poder pensar de otra manera (en lugar de pensar en cómo actuar de manera diferente). Al animarte a actuar de manera diferente, crea el espacio para que pienses de manera diferente. Al involucrar a la persona al completo, cuerpo y alma, cortocircuita nuestra inteligencia y frena esa forma de pensar que nos arrincona. Es liviano, no pesado, ni serio. También es muy simple. Las principales ideas se pueden explicar en un solo capítulo, que es el siguiente. Tenlo en cuenta y podrás iniciar tu propia investigación inmediatamente.

La desventaja es que debes estar dispuesto a ser juguetón y pasártelo bien por el camino. Pero eso no es más que el precio que tienes que pagar.

Lisa Kay Solomon — *Más opciones*

Lisa Kay Solomon es diseñadora residente y educadora en la Escuela de Diseño de Stanford. Kay Solomon se centra en ayudar a otros a diseñar el futuro. Es autora de varios libros, incluyendo Moments of Impact.

La primera vez que me topé con la improvisación fue en la Universidad de Stanford. Fue el aprendizaje más lúdico, atractivo, expansivo y orientado al crecimiento que había vivido en mucho tiempo. Estaba alucinada. Salí de allí muy viva. Tenía aquella sensación de: «No sé lo que acaba de pasar, pero sé que quiero más».

El núcleo de mi trabajo es el diseño y la facilitación. Quiero que la gente, no mi programa, sean el centro, porque, de lo contrario, es unidireccional: una conferencia, no una experiencia real de aprendizaje. Así que, ¿cómo diseño las condiciones que permitan a la gente crecer, explorar nuevas ideas y establecer conexiones con los otros? ¿Cómo facilito eso en el momento? En ambos casos, la capacidad de improvisación es fundamental.

El hecho de que estas prácticas se pueden enseñar y aprender me genera gran esperanza. Mis clases comienzan siempre con algún tipo de actividad colaborativa, energética y experiencial. Cada clase. No siempre lo llamamos improvisación, porque la gente se cierra y pueden pensar: «Oh, no, no soy actor, así que esto no es para mí». En su lugar, decimos: «Vamos a calentar, vamos a estar presentes, a estar aquí». Creo que debería ser obligatorio para todos los estudiantes en cualquier lugar. Tenemos que trabajar para lograr integrar esto en la vida de las personas más temprano.

En la clase del último curso de secundaria de mi hija aplicamos este enfoque. Les dijimos que se trataba de una forma lúdica de construir a partir de todo el profundo y riguroso aprendizaje que habían llevado a cabo, para llevarlo al siguiente capítulo de su vida, que no sería tan normativo como los primeros doce años de su educación. Todo lo que habían aprendido sobre obtener la mejor nota y hacer exámenes estaba mal a partir de aquel momento, dejaba de ser primordial.

Cada vez que organizo una reunión, incluso si hay mucho en juego, pienso en detalle los primeros minutos, porque son la presentación de todo lo demás. Si consigues que la gente asista a la reunión, se relaje, acerque la cabeza, escuche y esté en sintonía con otras personas, entonces, ya está, ¿no?

La improvisación también es una estrategia de resiliencia. Cuando uno se siente cómodo con la improvisación, se da cuenta de que nunca le faltan opciones, de que es el regalo más extraordinario que te pueden hacer. En los tiempos que corren, plagados de volatilidad e incertidumbre, ¿no te gustaría no quedarte nunca sin opciones, incluso cuando tu sistema político se está desmoronando o hay una pandemia global? ¿No te gustaría sentir que eres capaz de tomar decisiones e identificar combinaciones que otros ni siquiera pueden ver?

Pero no es así como percibimos la improvisación, ¿no es cierto? La percibimos como un arte de determinado tipo de actores, que solo se estudia en arte dramático. Cuanto más pensemos en la improvisación como una práctica para la incertidumbre y la ambigüedad, como una forma de ser un compañero colaborativo y generativo, mejor será para la sociedad.

Para mí, dejar ir es un regalo. Pienso en cómo quiero que transcurra una reunión, por ejemplo, pero también puede que no vaya así. Los planes son solo un punto de partida. Mi trabajo es estar ahí, disponible para lo que suceda en ese espacio, sin forzar las cosas para que se ajusten a lo que tenía pensado. Esto me permite percibir de manera diferente. ¿Estamos manteniendo la conversación correcta? ¿Está habiendo diferentes aportaciones? ¿Estamos yendo demasiado lejos en una sola dirección? ¿Necesito ralentizarlo?

Al salir de una reunión que ha ido bien, pregúntate, ¿por qué ha ido bien? ¿Qué ha pasado? ¿Quién ha encontrado el camino? ¿Se han entregado, han aceptado, se han bloqueado, han bailado juntos? Podemos aprender a observar mejor la excelencia en acción y detectar las posibilidades de elegir que alguien ha tenido.

Otra cosa que puedes hacer es encontrar un espacio seguro para un juego. Pruébalo con tu familia quizá, durante un viaje en coche, por no más de cinco o diez minutos. Si pones un pequeño andamio detrás, no tendrás problema en aguantarlo. No se trata de hacerlo bien, solo de ver qué pasa.

Lo que yo intento hacer con mi práctica diaria es ayudar a otros a sentir que pueden tomar otro tipo de decisiones. Estas prácticas demuestran que, incluso en un contexto disruptivo, tenemos alternativas. A mí me han ayudado a ser una mejor profesional y un mejor ser humano, tanto con mis amistades como con mi familia. Me han ayudado a ser un poco mejor persona, y honrar tanto la humanidad fundamental de las personas como sus necesidades, lo que les permite sentirse capaces de dar lo mejor de sí mismas.

— *lisakaysolomon.com*

2
La práctica

Las prácticas de improvisación son muy obvias. No hay nada único ni especial en ellas. No son, como se suele decir, ciencia aeroespacial. Se parecen más a construir un avión de papel: con unas pocas instrucciones, todo el mundo puede hacerlo. Y después, te divertirás sin fin experimentando con tus propias variaciones.

Puede que esto te resulte decepcionante; al fin y al cabo, las soluciones complejas tienen su atractivo. Pero una vez que superes tu decepción, estoy seguro de que te consolará darte cuenta de que no tendrás que vértelas con páginas y páginas de ecuaciones, sino solo hacer unos pliegues a una hoja de papel, por así decirlo.

Estas prácticas de improvisación no son nuevas. Seguramente te resulten familiares. Pero la originalidad no lo es todo. La mayoría de las «nuevas» ideas son combinaciones de otras viejas.

Las ideas que encontrarás aquí son sencillas y obvias. Se pueden entender rápida y fácilmente. Hay sutilezas, pero lo esencial cabe en un solo capítulo. Dame veinte minutos de tu tiempo y habrás acabado, equipado con algo que puedes usar por el resto de tu vida.

La anterior es una afirmación atrevida, pero la hago con gusto, porque sé que es verdad. Yo mismo sigo aprendiendo de estas ideas. Las personas entrevistadas para este libro las han puesto en práctica durante años, incluso décadas. Los participantes en el taller se ponen en contacto conmigo mucho después de habernos conocido para contarme cómo cambió su vida, su trabajo, o cómo cambiaron sus relaciones personales. Aunque pueda parecer extraordinario, sucede con bastante frecuencia.

Una de las cosas más hermosas de trabajar con estas ideas es ver la enorme y duradera diferencia que puede marcar un cambio pequeño. Puede que sea algo sencillo y obvio. Pero no es trivial.

La práctica se puede resumir en seis palabras. Son las siguientes:

Nota más. Deja ir. Usa todo.

¿Ves?, te dije que iría rápido. Ahora que ya tienes los fundamentos, puedes empezar a usarlos. Vamos a intentarlo aquí, ahora mismo, mientras lees este libro.

¿Cómo podrías «notar más»? Mientras lees, tal vez puedes fijarte en los sentimientos que surgen en respuesta a mis palabras. ¿Cuándo sientes curiosidad, compromiso, perplejidad o frustración? Al hacerlo, podrías aprender algo de ti mismo y de estas ideas.

Podrías «dejar ir» una expectativa, como que la improvisación es frívola, por ejemplo. De esta manera, podrías llegar a notar que en realidad tú ya la practicas, incluso aunque no tengas un lenguaje para ello, o no le prestes atención.

Podrías «usar todo» explicando a otra persona una de las ideas (una que no acabas de entender, ¿tal vez?). Hacerlo te permitirá visualizar lo que entiendes y lo que no. Además, es muy probable que la otra persona te aporte una forma diferente de verlo. E incluso en caso contrario, al mostrar que valoras su opinión, le has hecho un pequeño regalo. Has usado tu dificultad para construir una relación. Bien jugado.

Esto continúa indefinidamente. Con presencia mental, puedes aplicar estas ideas en cualquier momento, en cualquier contexto. Siempre tendrás nuevas oportunidades para notar más, para dejar ir y usar lo que tengas a mano. En casa, en el trabajo y en el juego. Tantas veces como quieras, con quien quieras. Es una práctica promiscua.

Sin embargo, tiene el efecto de una disciplina.

No necesitas seguir aprendiendo cosas nuevas, solo practicar cosas que ya conoces, las cuales resulta que son infinitamente útiles. Puedes seguir planteando las mismas preguntas: las circunstancias aportarán muchas novedades. Es económico. Con la práctica, las cosas se vuelven más fáciles y, como dicen los golfistas, cuanto más practicas, más suerte tienes.

No es un modelo lineal. Cada una de las prácticas te invita a pensar en las demás. Lo que significa que da igual por dónde empieces. Nick Parker, el ilustrador de este libro, explica cómo le funciona a él. Dice:

> *En los talleres, a menudo acabo hablando de mi propia experiencia a medida que esta se desarrolla. Podría, por ejemplo, decir algo como: «Me doy cuenta de que me estoy quedando atascado en esto. ¿A alguien más le pasa?». Así que uso lo que noto para preguntar por lo que está sucediendo y dejar ir la idea de que decir algo inteligente o divertido depende de mí.*

Ahí la tienes, la práctica al completo.

Recordar seis palabras no es una prueba demasiado exigente para tu memoria. Pero aun así, puedo acortarlo. Hay una expresión de tres palabras de la que podemos colgar todo. Yo lo llamo la práctica de la «piedra angular».

Dice: «Todo es oferta».

Es justo el punto clave. En la intersección de «Nota más», «Deja ir» y «Usa todo». Ver las cosas como una «oferta» sig-

---

*   *Oferta (offer*, en inglés) es un término técnico del lenguaje de improvisación que tiene un sentido mucho más amplio que el meramente económico. Entendemos *oferta* como «propuesta» u «oportunidad». *(N. de la editora)*

nifica percibir lo que sucede como algo que podemos usar de una u otra manera, lo cual implica prestar atención y dejar ir las expectativas que podrían limitar cómo lo hacemos. Las tres ideas forman un paquete. Se amalgaman como un cuerpo de conocimiento coherente que, al igual que un cuerpo físico, tiene partes distintas que cuelgan juntas como una unidad.

Esto no solo nos ahorra tres palabras enteras, sino que nos permite resumir la práctica en un acrónimo de tres letras. A saber, TEO. Hemos bajado a tres letras.

Sin embargo, antes de dejarnos llevar por el entusiasmo, deberíamos recordar la observación de Einstein de que «todo debería hacerse lo más simple posible, pero no más». Así pues, echemos un vistazo a cada una de estas ideas con un poco más de detalle. No hay nada malo en desmontar las cosas pieza a pieza, siempre y cuando recuerdes que están conectadas.

Nota más

Normalmente no nos damos cuenta de mucho. Sobre todo en relación a la cantidad de información con la que nos bombardean cada segundo de cada día (y no me refiero solo a lo que se publica en redes sociales, sino a los estímulos físicos a los que estamos sometidos diariamente).

Nuestros sentidos no son como el instrumental científico que recolecta información de forma pasiva; desempeñan un papel activo filtrando gran parte de ella. Las células de la retina, por ejemplo, están colocadas de manera que transmiten algunas señales e ignoran otras. Lo que *percibimos* es diferente de lo que *recibimos*.

Gran parte de este filtrado es automático. Sucede inconscientemente y sin esfuerzo. Estamos preparados para centrar toda nuestra atención en cosas como la comida, los coches que se acercan a toda velocidad y los niños que lloran, pero la mayoría de estas cosas tienden a desvanecerse en el trasfondo, especialmente si no cambian demasiado. Por suerte, nuestras elecciones conscientes marcan la diferencia. Podemos elegir a qué prestamos atención. Y aquello a lo que prestamos atención se convierte en nuestra vida.

Un buen punto de partida, por lo tanto, es percibir aquello que se puede percibir. Mi sugerencia es concentrarse en cuatro grandes categorías: el mundo en general, el entorno inmediato, otras personas y tú mismo. Esto cubriría casi todo.

Intenta «apoyarte en tus sentidos». A menudo nos obsesionamos con lo que sucede dentro de nuestras cabezas y en realidad ni miramos, ni escuchamos. A la mente siempre le gusta tener algo por lo que preocuparse. La imaginación es tan buena creando ansiedades como ideas.

Lo que hace Gary Hirsch es copiar a su perra, *Luna*. Cuando pasean, la perra está completamente inmersa en sentir, lo que para ella significa, principalmente, oler. Inspirándose en *Luna*, Gary intenta hacer lo mismo, utilizando sus propios sentidos. Prodiga atención a lo que escucha y ve: el canto de los pájaros, el dibujo que forman las rayas de un coche aparcado y, sí, también el olor a hierba cortada del parque. Centrarse en las sensaciones pone freno a los bucles de pensamientos ansiosos en los que a menudo se ve atrapado y, como él dice, «me devuelve a mí mismo». La práctica de notar más puede ser muy apaciguadora.

Aquí la dificultad reside en salir de nuestra cabeza (por así decirlo). Observa algo como si estuvieras tratando de dibujarlo. Si es una rosa o un Ferrari, seguramente darás por hecho que es rojo, sin ni siquiera fijarte bien. ¿Seguro que lo es? ¿No se ven algunas partes negras desde tu ángulo? ¿Es todo del mismo rojo? Concéntrate en la sensación, no en la etiqueta.

Si un colega (o socio) se lanza a soltarte un discurso que ya conoces, ¿das un salto adelante y comienzas a pensar en lo que le vas a decir a continuación? ¿Eres capaz de ralentizar y escuchar las palabras que realmente está diciendo, y no las que esperas que diga? ¿Puedes escuchar la entonación, las pausas, lo que no está diciendo, dónde está la emoción, cómo varía el ritmo? ¿Eres capaz de escucharlo como si fueras a repetir cada una de sus palabras?

También podrías pensar en abrir, en lugar de usar, tus sentidos. ¿Eres capaz de integrar cosas que están en los márgenes? ¿Aprender a amar el rabillo del ojo? Siéntate en tu escritorio y escucha. ¿Puedes permitir que entren cosas diferentes, en lugar de descartar? ¿Puedes escuchar el aire acondicionado, el reloj, el bullicio de voces, la fotocopiadora, un avión sobre tu cabeza, y aun así escuchar tu propia respiración? ¿Eres capaz de llevar este nivel de escucha a una conversación? ¿De ampliar tu escucha para incluir a personas a las que normalmente no prestas atención?¿Puedes escuchar voces nuevas, diferentes o disidentes?

Adam Morgan, fundador de la consultora de marcas eatbigfish, argumenta que justamente eso es lo que hacen las marcas de éxito más transgresoras. Miran qué hay fuera de la categoría a la que pertenecen para dar con ideas e inspiración en áreas a las que sus competidores no prestan atención. Aunque pertenezcan al sector de los seguros, se fijan en lo que sucede en el mundo del café o la ropa interior y utilizan lo que ven para construir su negocio.

Otra forma de notar más es asegurarte de que usas todos tus sentidos. Somos predominantemente visuales, por lo que es fácil que el sentido de la vista domine sobre los demás. Juega con eso. Si quieres escuchar mejor, intenta cerrar los ojos. Quizá no te atrevas a hacerlo en una reunión, pero puedes practicar mientras escuchas música y desarrollarás la capacidad de hacerlo más profundamente incluso con los ojos abiertos.

Asegúrate de que no estás abandonando ningún sentido. En el campo, los olores anuncian que las flores se abren, que llega la lluvia, que la fruta madura y que hay agua cerca. El humo de los coches y la comida rápida no son tan atractivos, por lo que, en la ciudad, tendemos a cerrar nuestro sentido del olfato por completo. Reactívalo. Es posible que prefieras comenzar en una cafetería o una panadería, donde las sensaciones serán más agradables, pero en cualquier caso fíjate en si puedes desarrollar esa voluntad de oler las cosas, y nota las ideas y emociones que se desencadenan como resultado.

Nota más de tu propio cuerpo. No es únicamente un medio de transporte. Aunque alberga tu mente, esta no solo está en tu cabeza (los neurotransmisores que afectan la forma en que pensamos, por ejemplo, se secretan en todo el cuerpo, particularmente en el intestino). La neurocientífica Candace Pert usó la palabra *cuerpo-mente* en lugar de *cuerpo* o *mente*, para recordarnos cuán entrelazados están ambos realmente.

En lugar de perderte en tus pensamientos, fíjate en tu postura, tu respiración. ¿Dónde mantienes la tensión? ¿En la mandíbula? ¿En el cuello? Saber leer tu cuerpo no solo te revelará cuándo estás tenso, sino, por ejemplo, cuándo decir lo que piensas y cuándo no, o si la persona que tienes delante necesita tranquilidad, aliento, etcétera. Esto representa toda una nueva fuente de información a tu alcance que te ayudará a tomar decisiones o tener ideas. Aprender a notar tus propios sentimientos y sensaciones es una práctica en sí misma. El hecho de que sean *tus* sentimientos no quiere decir que los reconozcas automáticamente, tienes que ser consciente de ellos. Puedes aprender a ser un buen lector de tu propio estado interior.

Dada la cantidad de cosas que nos llega (a través de la tecnología y las redes sociales en particular), algunas personas afirman que lo último que quieren es que les llegue aún más.

Lo cual es perfectamente entendible. Si esto supone un problema, entonces va bien reformular esta práctica como «Nota otras cosas». Puede que veas algo en el trasfondo, no en primer plano.

La práctica consiste en prestar más atención, no prestar atención a todo. No estoy sugiriendo que debas absorber aún más «contenido». Se trata de que prestes atención a cómo prestas atención; invitarte a ti mismo a prestar atención a algo a lo que no se la prestas habitualmente o aún no lo has hecho.

Puedes aprender a ser más consciente, activo y exigente en relación a aquello a lo que prestas atención. Puedes profundizar en tu capacidad de estar presente para el mundo y, lo más importante, para las personas que te rodean. Hazlo y encontrarás posibilidades y conexiones nuevas e inesperadas. En cierto sentido, la conciencia lo es todo. Deberíamos usarla sabiamente.

Deja ir

Dejar ir suena peligroso. Desde la infancia se nos dice que nos agarremos. Dale la mano a mamá, sujétate mientras el tren se mueve, aférrate a ese trabajo. La idea de que debemos abandonar o deshacernos de cosas va contracorriente. Entonces, ¿qué significa «dejar ir»? ¿Qué tenemos que hacer para dejar de aferrarnos y por qué?

Se puede hacer con muchas cosas. ¿Puedes olvidarte de lo que querías decir a continuación para escuchar lo que alguien está diciendo ahora? Dejar ir los microplanes, los juicios, las suposiciones, las creencias, las inferencias, incluso aspectos de tu propia identidad (o de la de otra persona) puede ayudar. Pero es importante entender que esta práctica no conlleva desprenderse de todo, ni a la vez. Sería una tontería.

Necesitamos deshacernos del equipaje del pasado y las extrapolaciones a futuro, porque nos impiden prestar la debida atención al presente. Y el presente es donde vivimos.

Es algo que percibo muy claramente en los talleres. La gente suele hacer juicios precipitados como que lo que vamos a hacer es una estupidez, o que no podrán hacerlo. De inmediato, llegan a una conclusión. Lo mismo sucede en la vida cotidiana.

Rápidamente concluimos que Juan es aburrido o su idea mala, sin ni siquiera pensar en ella. El botón de «Me gusta» exacerba esta tendencia. La tecnología nos anima a calificarlo todo de manera inmediata y simplista.

Esto hace que la vida sea perseverantemente difícil. Si decides de inmediato cómo son las cosas, no les das ninguna oportunidad de convertirse en otra cosa. Te permites cero margen de maniobra y pocas opciones, lo cual te pone tenso o nervioso. La posibilidad de reaccionar de una manera adecuada o fresca se vuelve remota.

Si vas a trabajar con lo que te llega, y conectarte con las personas que te rodean, tienes que estar dispuesto a desprenderte de tus expectativas, porque ellos no tendrán las mismas. Si no lo haces, no hay espacio para nadie más.

Cuesta darse cuenta de esto, no solo porque ese tipo de juicios precipitados son veloces en aparecer, sino porque tienden a ser autocomplacientes, especialmente cuando se trata de juzgarnos a nosotros mismos. «Ves —me dicen algunas personas después de un juego—, te dije que no podría hacerlo.» Pero lo que han hecho es ajustar la experiencia a su interpretación, no al revés. Han sacrificado su rendimiento para tener razón, y es que nos gusta mucho tenerla.

Esto no significa olvidar todo lo que sabemos. Aunque la experiencia acumulada es importante, también puede llegar a sofocarnos. En este sentido, nuestra mente es un poco como tu trastero. Las cosas tienen una tendencia natural a acumularse. Si dejas de limpiar y ordenar, se forma un atasco. No hace falta que tiremos a la basura todo el lote, pero, si no nos deshacemos de cosas, pronto volvemos a acumular demasiado.

Existe otro lugar en el que nuestras mentes se evaden: el futuro. Somos tan rápidos generando expectativas como sacando conclusiones precipitadas. Esto, en cierto modo, es muy útil, porque nos permite actuar incluso sin tener demasiada información. Sin embargo, también nos hace tropezar.

Si eres como yo, tu mente siempre estará buscando algo por lo que preocuparse. Mientras escribía *Pausa*, por ejemplo, me quedé completamente atascado en un capítulo en concreto. La fecha de entrega se acercaba. Mi mente generaba comentarios críticos sin parar sobre lo que sucedería si no la cumplía, provocándome tensión y estrés, y aún menos avance. Sentía como si todo fuera un castillo de naipes, al borde del colapso.

En medio de todo esto hablé por teléfono con Kirsten Gunnerud (ver página 68). Me recordó que la fecha límite la había definido yo y me sugirió que me olvidara de ella. Me resistí, regurgitando todo tipo de razones espurias para ello. Kirsten usó otra táctica y me invitó a tomarme una pausa (¡eso sí que fue irónico!). Aun así, me resistí. Pero ella perseveró y, al cabo de unos diez minutos, finalmente le vi el sentido y comencé a reírme de mí mismo. Renuncié a la idea de trabajar todo el fin de semana y, cuando volví a hacerlo, renovado, el lunes, las cosas encajaron en su lugar.

Me preocupaba un futuro que aún tenía que hacerse realidad. Era una historia que había creado para mí mismo (¿quizá por eso me aferraba tan fuertemente a ella?). Y me paralizó. Fue necesario que otra persona me sacara de ella, lo cual es un punto importante a tener en cuenta: a veces otras personas te tienen que recordar la práctica. Muchas de las cargas que arrastramos son de nuestra propia creación. La práctica de dejar ir es una forma de librarnos de algunas de ellas.

Este hábito, el de adelantarnos a nosotros mismos, se manifiesta de muchas maneras. Es probable que todos conozcamos a personas que rematan nuestras frases (¿puede que tú también hayas sido una de ellas?). En el terreno de la improvisación existe un término útil en este sentido: *historia sombra*. Una historia sombra es la expectativa de cómo se desarrollará algo. La persona que termina tus frases está imponiendo su «historia sombra». Esto te impide decir lo que quieres decir. Como resultado, tanto el flujo de la conversación como la relación sufren.

Así que las «historias sombra» son buenas candidatas en las que fijarnos y de las que desprendernos. Como dice Gary:

«El paso entre que alguien llegue tarde a una reunión y decidir que es mala persona es realmente rápido».

Las historias sombra se forman de manera inevitable, así que tienes que reconocerlas por lo que son y dejarlas ir. En cuanto sueltes una llegará otra, así que tienes muchas oportunidades para practicar. No intentes evitar que aparezcan; todo lo que tienes que hacer es crear un poco de espacio para el momento presente y dejar que se vayan. Eso puede marcar una gran diferencia.

Usa todo

Si todo es una oferta, debe haber muchas por ahí. De hecho, las hay. Un número infinito, sin ir más lejos.

Uno de los puntos fuertes de esta idea es su naturaleza universal. Da por sentado, de forma deliberada, que cualquier cosa a la que te enfrentes, independientemente de lo atractiva o molesta que pueda parecer, se puede usar de alguna manera. Te guste o no, lo esperes o no, lo desees o no, deberías preguntarte cómo usar lo que te está sucediendo, bien sea a tu alrededor como dentro de ti. Esto impedirá que te andes con rodeos y te obligará a fijarte más, que es el objetivo. Y es lo que lo convierte en una práctica rigurosa y disciplinada.

Aun así, es útil ser consciente de la variedad de lo que está a nuestro alcance. De lo contrario, podrías pasar por alto o descartar categorías en las que puede haber cosas muy interesantes.

Comencemos contigo.

Quizá te gustaría saber que todos tus errores y equivocaciones entran dentro de la categoría de ofertas. Este replanteamiento es increíblemente poderoso y positivo.

Si los errores los interpretas como ofertas, aprenderás rápido. Puedes aprender cómo no hacer algo, o usar esa experiencia para entender por qué algo no funcionó. También puedes llegar a descubrir algo que no estabas buscando, tal y como ha sucedido y sucede con muchos de los descubrimientos más importantes (léase la penicilina o el continente americano, por ejemplo). Puedes interpretar un error como una toma falsa [*mis-take*], igual que un actor en un set de rodaje, y como la posibilidad de hacer otra toma [*take*] o intento, en un proceso iterativo con el objetivo de mejorar.

Esto no significa que debas cometer errores adrede, pero como ocurren de todos modos, te proporcionan una forma constructiva de responder y una buena manera de dirigir tu energía. Si los errores son oportunidades, no necesitas disculparte, buscar chivos expiatorios o encontrar excusas: simplemente puedes seguir pensando en cómo sacarles provecho.

Los fracasos y las averías son otro grupo de potenciales ofertas. Si tienes un pegamento que ya no pega de manera permanente, puedes usarlo para inventar el Post-It. Si el proyector falla, aprovecha la ocasión para entablar una conversación. O para crear sencillas imágenes dibujadas a mano. O para hacer que la gente hable entre sí en lugar de escucharte.

Gary es genial en esto. Una vez perdió sus gafas de camino a un taller y aprovechó la ocasión para crear un ambiente algo más íntimo con el grupo con el que estaba trabajando: tuvo que acercarlos a todos para poder verlos. Durante la pandemia de COVID, cuando todos tuvimos que comenzar a trabajar en línea, creó nuevos juegos y ejercicios usando objetos que la gente tenía por casa. (Ten en cuenta que para hacerlo, tuvo que «dejar ir» su propia historia sombra sobre el trabajo en línea, que anteriormente había descartado por aburrido y limitado.)

Tanto la desgracia como los errores también pueden considerarse como ofertas. La segunda vez que tuve COVID duró un mes y estaba agotado todo el tiempo. Era enero, momento en el que pienso qué quiero hacer el año que empieza. Lo hacía más lentamente, y esto hizo que fuera más fácil conectar con lo que sentía y, por lo tanto, con lo que realmente quería. No hizo que el COVID fuera mejor, pero resultó tener su utilidad.

Otras personas son también una fuente constante de ofertas. Aportan interpretaciones, experiencia y perspectivas que tú no tienes. La primera vez que organicé un retiro de lectura no sabía cómo elegir los libros, así que pedí a los participantes que sugirieran tres cada uno y los compré. Esto me ahorró trabajo y los involucró. Los demás te pueden proporcionar todo tipo de alimento para tu proceso, de manera intencional o no. De hecho, incluso las personas que rechazan tus ideas te ponen un montón de ofertas en bandeja, aunque es posible que tengas que trabajar un poco más para identificarlas como tales.

Hay un juego de improvisación que consiste en lanzar a un narrador palabras que no tienen nada que ver con la historia que está contando. Se invita al emisor de las palabras a que sea lo más obstructivo posible. Sin embargo, aunque están pensadas como obstáculos, el narrador termina encontrando en ellas una ayuda. Esto se debe a que el juego te fuerza a considerarlas como ofertas. (Ver «Historia sueca» en la página 151.)

Puedes aplicar las mismas reglas al trabajo o en casa. Si alguien dice «no», podrías interpretarlo como una solicitud de información. O como un test para tus ideas. O podrías buscar la manera de asociar, incluir o conectar con la objeción, lo que cambiará tu idea y la fortalecerá, tal vez incluso la mejorará. Si alguien ve las cosas de manera diferente a ti, no pienses que está equivocado, sino que te hace un oferta. Pregúntate cómo puede su punto de vista enriquecer el tuyo.

¿Eres capaz de ver lo que no está? En una conocida historia, Sherlock Holmes usa de modo brillante el hecho de que el perro *no* ladró de noche para resolver un crimen. El fundador de IKEA Ingvar Kamprad se paró una vez en medio de un enorme mercado chino de aves de corral, rodeado de miles de pollos desplumados, y preguntó: «¿Qué hacen con las plumas?». Vio algo que no estaba ahí como una oferta que IKEA usó después para rellenar ropa de cama. Pregúntate qué falta o está ausente y piensa en cómo puedes usarlo tú también.

Para trabajar no necesitas mucho. Cuando creé Yellow,[*] una de las primeras personas a las que invité a participar hizo una mueca cuando me referí a su título (era CEO). Fue solo un gesto fugaz, pero me hizo pensar. A raíz de aquello, pedimos a los participantes que se presentaran sin mencionar su título, trabajo o sector. En aquel momento nos pareció un detalle sin importancia; sin embargo, ha resultado realmente importante: permite que las personas se encuentren como individuos, lo que crea un tipo diferente de relación.

Hay veces en las que, de todos modos, no tienes mucha cosa y puedes usar esa escasez para estimular tu ingenio. Cuando Robert Rodríguez rodó *El Mariachi*, no tenía un equipo de iluminación decente. Le dio la vuelta y lo usó para que la película resultara «deprimente». La ambientó en un pequeño pueblo de México y convirtió un estuche de guitarra en parte central de la historia, porque era todo lo que tenía. Si quieres usar lo que tienes, un punto de partida obvio y fácil es simplemente preguntarte: «¿Qué tengo?». Puede que te sorprenda lo mucho que has pasado por alto (también te reconectará con la práctica de notar más, pues tienes que prestar atención a lo que tienes).

Si «usar todo» te abruma, intenta «usar cualquier cosa» o «cualquier cosa y todo puede ser útil» en su lugar. Si te libera, reformúlalo para adaptarlo a ti mismo. Si estás preparado para considerarlos como ofertas, podrás utilizar consecuencias, imprevistos, accidentes, actos de Dios, desastres y retrasos en tu favor. Tengo colegas para los que subir al avión equivocado o tener el coche en el mecánico se ha convertido en algo valioso durante un taller. Lo cual no lo convierte en algo bueno. Pero nos impide pensar en ello como cosas malas. En otras palabras, pensar en usar todo nos recuerda que debemos dejar de juzgar. Ves, todo encaja.

---

[*]   Yellow es la aventura que comencé en la pandemia de 2020 con Alex Carabi. Consiste en pequeños grupos de aprendizaje *online* que se reúnen durante dos horas cada dos semanas a lo largo de cinco meses. Para más información: yellowlearning.org

Un juego infinito

He comenzado diciendo que la práctica es sencilla. Pero eso no la convierte en fácil. Sencillo y fácil para nada es lo mismo. Las reglas del ajedrez son lo suficientemente sencillas como para ser explicadas en unos minutos, pero el ajedrez no es fácil.

En primer lugar, hemos de ser conscientes de que no basta con conocer estas ideas, hay que hacer algo con ellas. Por eso se llaman prácticas.

No hay meta ni punto final. Este tipo de ejercicio no es una tarea que puedas completar. No te aportará una respuesta, sino un flujo de opciones. Lo cual es un alivio. Puedes ser amable contigo mismo, probar cosas y ver qué sucede, a tu manera, en el momento que te vaya bien. Hay un número infinito de oportunidades para practicar, por lo que no importa si te saltas alguna (ni la mayoría, de hecho). Tampoco pasa nada si te olvidas de practicar, porque puedes volver a ello en cualquier momento (algo que me pasa a menudo).

Tu práctica puede ser paciente y reflexiva. Estas ideas han surgido del teatro de improvisación, pero eso no significa que solo sean útiles para obtener una respuesta inmediata o espontánea. Puedes reflexionar sobre dónde podría haber una oferta, o qué más podrías notar, o qué puedes dejar ir, durante el tiempo que sea necesario.

Puedes comenzar por donde quieras, así que quizá te gustará tomar fuerza y hacerlo con la práctica que te resulte más fácil (la mayoría de las personas tienen una preferencia). O podrías hacer al revés y empezar por lo más difícil, que podría ser también lo que más beneficios te dé. Si, por ejemplo, estás usando el ejercicio con niños (como Kirsten Gunnerud, ver página 68), tal vez percibir les resulta bastante natural, por lo que dejar ir les podría ser más útil.

Cuanto más haces, más aprendes. Cuanto más practicas, más fácil es. Pero, para ponerse en marcha, es necesario estar dispuesto a cambiar, lo cual puede requerir un poco de abandono. Esto se debe a que la práctica de la improvisación desafía hábitos y creencias tan profundamente enraizados en nuestro pensamiento, que no los notamos.

Creemos, por ejemplo, que podemos definir a alguien analizando sus respuestas a un cuestionario estandarizado y colgándole una etiqueta. Tratamos de crear equipos humanos de alto rendimiento juntando los «componentes» correctos, como si las personas fueran partes de una máquina. Exigimos estrategias «a prueba de futuro» cuando tenemos poca idea de lo que este nos deparará. Establecemos una serie de «entregas» para un curso de creatividad. Otorgamos becas de investigación a los científicos, pero solo si pueden decirnos, de antemano, qué descubrirán.

Son supuestos invisibles; es por eso que las formas de pensar que los contradicen se nos antojan, simplemente, erróneas. Nuestra educación está desequilibrada. Años de escolaridad formal e informal nos hacen creer que el único tipo de conocimiento es el certero, racional y objetivo.

El ejercicio de la improvisación desafía ese punto de vista. Nos dice, sin ir más lejos, que dividir algo complejo en partes más pequeñas no es la manera de lidiar con ello. Nos sugiere que nuestro entusiasmo por la medición, el análisis y la predicción es erróneo, y que estas actividades a menudo son inútiles o contraproducentes. Nos sugiere que tratar de controlar siempre lo que sucede no es posible ni necesario, ni siquiera deseable.

La práctica te pide algo diferente. Te anima a participar como una persona completa (no solo una mente racional), de manera intuitiva. Nos da la bienvenida a todos al juego. Reconoce y valora la información que recopilamos al sentir, a través de la sensación corporal, la postura y el movimiento. Genera «conocimiento sensual», no aprendizaje de libros. Valora la velocidad, la capacidad de respuesta y su adecuación por encima de la exactitud, precisión o regularidad. Da prioridad a la creación de un flujo de ideas y energía más que a lograr dar con las respuestas. Es un ejemplo vivo de esa visión científica según la cual un comportamiento (o conjunto de reglas) muy simple puede generar rápidamente complejidad creativa.

Selecciona ideas y acciones a partir de la evolución y no de la evaluación. Demuestra que podemos influir y aportar dirección sin control. Enfatiza la práctica sobre la teoría y la acción sobre las conclusiones.

No obstante, has de tener en cuenta que no te dirá qué tienes que hacer. Se trata de ideas generales, incluso universales. Se parecen más a una brújula que a un mapa.

Esto no solo te da margen de maniobra, sino que requiere que estés ahí, algo que no es tan fácil como parece. Sobre todo cuando te estás replanteando creencias que abrazas desde hace tiempo, pero de las que eres inconsciente.

Creo que pensarás que vale la pena. Del mismo modo que esta forma de trabajar puede generar historias aparentemente mágicas en el escenario, nos puede ayudar también a cada uno de nosotros, individual y colectivamente, a vivir vidas más gratificantes y creativas, y levantar organizaciones más valiosas y sostenibles. Si quieres saber cómo, sigue leyendo.

Otras personas son también una fuente constante de ofertas. Aportan interpretaciones, experiencia y perspectivas que tú no tienes. La primera vez que organicé un retiro de lectura no sabía cómo elegir los libros, así que pedí a los participantes que sugirieran tres cada uno y los compré. Los demás te pueden proporcionar todo tipo de alimento para tu proceso, de manera intencional o no. De hecho, incluso las personas que rechazan tus ideas te ponen un montón de ofertas en bandeja, aunque es posible que tengas que trabajar un poco más para identificarlas como tales.

Nick Parker — *Mantras*

Nick es un escritor que, además, dibuja. Gran parte de su trabajo versa sobre el tono de voz. Ha escrito libros sobre lectura, brindis y un volumen de pequeñas historias titulado The Exploding Boy. *Es, también, el ilustrador de este libro (ver página 154).*

Para mí, leer *Improvisa* fue fantástico porque me reveló la manera de expresar cosas que surgían de manera instintiva y estaban medio formadas. Codificó una serie de ideas simples en una especie de mantra que podía usar tanto para mí mismo como con otros.

Construir frases elegantes es como inventar algo realmente útil. «El triángulo de la gestión de proyectos», por ejemplo, que dice que puedes tener dos elementos de la fórmula *rápido-barato-bueno*, pero no los tres. Cuando eres capaz de decírtelas a ti mismo, te ayudan a ver el mundo de manera diferente. Así que las colecciono.

«Deja ir, nota más, úsalo todo», es una de ellas.

Lo llamo mantra porque se puede, literalmente, cantar. Puedo (y lo hago) caminar diciéndome a mí mismo «nota más», «suéltalo» o «Nick, todo es una oferta».

Se ha convertido en una parte tan importante de cómo me muevo por el mundo que es difícil aislarlo. Aun así, si estoy haciendo un trabajo para un cliente, por ejemplo, me ayuda a recordar que tengo que hablar con las personas en las que no pienso; a estar atento incluso durante la pausa de un taller, porque, francamente, es de risa la cantidad de ideas esclarecedoras que surgen en los pequeños momentos improvisados, y no durante los ejercicios importantes.

En mi caso, el cambio inesperado y realmente fructífero fue la forma en que estas ideas me afectaron en mi vida personal, sobre todo en relación a «notar más». Siempre se me dio bien eso de notar más en el mundo exterior, pero comencé a darme cuenta de que se puede hacer lo mismo con nuestra conversación interna, nuestros propios pensamientos y sentimientos, lo que permite después articular cómo nos sentimos.

Así, durante una conversación me puedo decir a mí mismo «noto que esto me da energía» o «noto que esta idea me inquieta bastante». La idea de ser autorreflexivo y comentar lo que me está pasando en ese momento es realmente útil. Hace que las cosas resulten menos pesadas, menos personales. Es realmente diferente de decir: «Tu idea me incomoda».

Un ejemplo tangible del efecto que ha tenido en mí es cuando me rompí la pierna, de una manera muy estúpida, por cierto, cuando caminaba por el sendero del jardín a oscuras. Recuerdo haber pensado inmediatamente «Pues así estamos», sin sensación alguna de molestia o frustración.

Tenía, por supuesto, mucho dolor. Pero también recuerdo sentir «esto es lo que voy a hacer ahora, voy a ir al hospital, luego a casa con el pie en alto, sin poder moverme durante seis semanas».

La gente no paraba de decirme «pobrecito», pero yo realmente no sentía lástima por mí. No es que estuviera viendo el lado positivo, tratando de sentirme feliz por algo que realmente era un desastre, sino que era consciente de que no tenía nada que ver con lo que yo me esperaba.

Me pregunté qué podía hacer con esas seis semanas de reposo. Estoy bastante seguro de que fue consecuencia indirecta de años usando el mantra «todo es una oferta».

Lo que hice fue terminar de escribir un libro, porque esa parecía ser la oferta. No se trata solo de poner buena cara, sino de estar genuinamente abierto a lo que realmente está pasando, en lugar de sentir que fue injusto o culparme a mí mismo.

Para mí no se trata únicamente de responder a algo malo o inesperado, y es más que una forma de sobrellevarlo; es una forma de ver y estar en el mundo. Si lo estás probando, mi consejo es que lo uses literalmente como un mantra. Camina repitiéndotelo a ti mismo. — *nickparker.co.uk*

3
Comunicación

Comunicación es lo que haces todo el día. Y la improvisación es una gran parte de cómo lo haces.

Constantemente, durante todo el día, te comunicas con otras personas y les respondes, ya sea en directo, por teléfono o en línea. Todo, desde una charla en una cafetería hasta una importante negociación, pasando por correos electrónicos, reuniones, presentaciones y conferencias telemáticas (de vídeo u otro tipo) es comunicación. Si eres algún tipo de líder o ejecutivo, entonces te pagan por la comunicación. Comunicación es también lo que haces con tus amigos. La comunicación hace que tu matrimonio funcione (o no). Y es comunicando como educas a tus hijos.

La comunicación es un baile complejo, social e improvisado. Somos algo más que carteros encargados de repartir mensajes sellados. Somos los mensajes. Constantemente respondemos a las respuestas de los demás. Al comunicarnos, intercambiamos y relacionamos no solo información objetiva, sino también emociones e identidad.

Sentimos constantemente lo que se está diciendo, a muchos niveles. Como resultado, ajustamos lo que decimos y cómo lo decimos incesantemente y casi sin pensar. Por muy estructurada que esté la conversación, la mayoría de las palabras que decimos las elegimos espontáneamente. Y hablamos más que con palabras.

Cambiamos el tono, la inflexión, el ritmo y el volumen sutilmente en respuesta a lo que dicen los demás. Dependiendo del medio que utilizamos, también usamos gestos, la posición, la postura y la expresión facial. Tenemos en cuenta el orden, la secuencia, la atmósfera, los medios y el escenario.

Comunicarnos bien nos proporciona una gran satisfacción, incluso alegría. Este baile tan intrincado es una habilidad de la que hacemos gala todos en nuestro día a día. A través de la comunicación, damos sentido a las cosas, construimos ideas y creamos valor en todo tipo de contextos. Nos sentimos conectados y valorados. Una buena comunicación es fundamental para que seamos efectivos y felices.

Por el contrario, no comunicarnos bien representa una fuente de frustración, confusión y ansiedad. En las organizaciones, la queja más habitual consiste en la «mala comunicación», con pocas excepciones.

No es de extrañar. La comunicación humana es increíblemente compleja y tiene múltiples capas. Suceden tantas cosas al mismo tiempo y hay tantas oportunidades para los malentendidos, que, en cierto modo, es sorprendente que logremos comunicarnos. Y sin embargo lo hacemos, incluso en el mundo virtual, donde se reducen las sutilezas y falta por completo un determinado tipo de información.

Como seres sociales, somos por naturaleza expertos en comunicación, algo que es un regalo y una maldición a la vez. Nuestra comunicación es tan instintiva que la forma en que la llevamos a cabo se vuelve invisible para nosotros. Es fácil caer en patrones o comportamientos que no nos ayudan y son difíciles de percibir, ni hablemos de cambiar.

Reuniones de rayos X

Aquí es donde entra en juego la práctica de la improvisación.

Nos ofrece una lente a través de la que observar qué sucede cuando nos comunicamos. Pone al descubierto lo que está pasando en términos muy sencillos. Hace una radiografía de nuestra conversación. Observa, por ejemplo, tus reuniones a través de la lente de las prácticas de improvisación y podrás ver, independientemente del tema, qué está sucediendo.

¿Se escuchan las personas entre sí? ¿Construyen a partir de las contribuciones de los demás? ¿Están abiertas al cambio? ¿Quién obstruye o «bloquea»? (Si eres tú, ¿por qué). Cualquiera de estas preguntas te ayudará a comprender por qué tus reuniones son de una determinada manera (ya sean buenas, malas o indiferentes) y a hacer algo al respecto. Lo que la improvisación hace es proporcionarnos un conjunto muy simple de ideas para ayudarnos a estructurar lo que decimos y hacemos.

No necesitas cambiar las cosas inmediatamente. A veces, con entenderlas es suficiente. Kathy, por ejemplo, dejó su empleo en una gran empresa y comenzó a trabajar para esta como consultora. Un antiguo compañero de trabajo se convirtió en su cliente. Y pronto empezó a sentirse frustrada y confundida. Cuando observó la situación a través de la lente de la improvisación, se dio cuenta de que la gran mayoría de sus ofertas estaban siendo bloqueadas. Ver esto la ayudó. Le permitió entender por qué se sentía frustrada.

También se dio cuenta de que, en su nuevo rol como consultora, su trabajo era ser una «lanzadora de ofertas». Muchas de ellas estaban destinadas a ser bloqueadas, y esto eran gajes del oficio. Necesitaba desprenderse de la idea no solo del trabajo, sino también de su antiguo rol, para poder aceptar esta nueva realidad. No necesitaba cambiar nada. Mirar a través de la lente de la improvisación le aportó comprensión suficiente para sentirse muy diferente en relación a su situación.

Centrarse en el otro siempre es tentador, pero es importante que enfoquemos esta lente a nuestra propia comunicación. Si, por ejemplo, tengo la sensación de que Juan siempre dice «no» a mis sugerencias, debería examinar mi propio comportamiento, no limitarme a culparlo por ser negativo. ¿Qué puedo estar haciendo (o dejando de hacer), que lo lleva a decir «no»? ¿Quizá siente que lo estoy bloqueando y responde de la misma manera? Esto es algo muy habitual. Pocos de nosotros notamos los bloqueos que nosotros mismos provocamos.

Prueba esto. Escucha todas las veces que dices «sí, pero...» (o palabras en ese sentido) e intenta convertirlas en «sí, y...». Esto te hará más consciente de la frecuencia con la que, sin darte cuenta, bloqueas la comunicación.

También puedes preguntarte a quién estás escuchando realmente: ¿a otras personas o tus propias voces internas? ¿Llevas una mochila, «una historia en la sombra», de conversaciones anteriores a esta? ¿Son claras tus ofertas? ¿Usas las que te hacen otras personas? ¿Estás más preocupado por tu apariencia o por lo que dicen? Plantearse estas preguntas es una manera de mirarse a sí mismo a través de los ojos de los demás, lo cual, como veremos, es absolutamente fundamental para una buena comunicación.

Mi amigo Adam Morgan realizó una aguda observación cuando le presenté estas ideas. Dijo: «La improvisación te muestra los elementos básicos de la comunicación y las relaciones. Te aporta una gramática fundamental». Comprender esos elementos básicos te permite pensar en cómo tú construyes tu comunicación. Y esta va más allá de las palabras que dices.

El director de cine David Keating utiliza «las ideas sobre las que descansa la improvisación» en su realización cinematográfica. En un set de rodaje, la presión es alta, el tiempo, escaso, las personas no se conocen bien y la organización es muy jerárquica. Para su película de terror *Wake Wood*, que se rodó principalmente en la Irlanda rural, David sintió que era muy importante que él, el director, estuviera presente para todo el equipo. Literalmente.

Decidió llegar a las localizaciones muy temprano cada mañana. Pasaba un rato en el set, solo, pensando en el rodaje del día y, cuando llegaba el equipo, se lo encontraban trabajando muy concentrado en su mesa de caballetes. La montaba cada día justo donde paraba el autobús, para que la gente pudiera verlo.

Esta acción sirvió como poderoso elemento de comunicación: en parte zanahoria, en parte palo. La zanahoria era estar accesible para todos, de manera que pudieran aportar sus ideas y sugerencias. Estar «ahí delante» hizo que fuera más fácil para cualquiera hablar con él. El palo era demostrarles que, a diferencia de algunos directores, él, el líder, estaba físicamente presente y comprometido e implícitamente dejaba claro que todos los demás también deberían estarlo.

La comunicación es conexión

Hasta ahora me he centrado en la comunicación interpersonal. Lo he hecho deliberadamente porque, incluso con todos los medios que tenemos a nuestro alcance hoy en día, la interacción cotidiana sigue siendo la forma de comunicación más extendida y omnipresente que existe. Si lo pasas por alto, te perderás la mayor parte de la acción.

Sin embargo, hay otra razón importante para este enfoque en lo interpersonal. Y es que nos muestra, muy claramente, que en el fondo la comunicación consiste en conectar a las personas. La propia palabra, que comparte raíz con *comunión*, lo confirma. Significa compartir.

Creo firmemente que todas las formas de comunicación son, o quieren ser, bidireccionales. La comunicación es más que la transmisión de datos. Para que la comunicación tenga lugar, debe haber algún tipo de intercambio, un estímulo y una respuesta. Algo sale y algo vuelve como resultado. Lo que vuelve puede ser de diferente tipo: un discurso puede provocar vítores, abucheos, una respuesta ingeniosa o un contraargumento vehemente, pero el tráfico va en un solo sentido, no hay comunicación.

Mucho de lo que acostumbramos a llamar «comunicación» en política y marketing es, en realidad, todo lo contrario. Es unidireccional. Describirlo como «propaganda» sería más correcto, pero no suena muy atractivo, por lo que se «rebautiza» como «comunicación». Este truco de prestidigitación genera confusión.

A cierto nivel, la comunicación, para ser merecedora de ese nombre, debe referirse a lo que sucede entre las personas. Esto es especialmente cierto en la comunicación personal, pero también lo es en las reuniones, presentaciones, conferencias e incluso en la comunicación de masas.

Independientemente de su política, grandes oradores como Winston Churchill o Martin Luther King, por ejemplo, establecen una conexión personal con todos los que los escuchan. Independientemente de lo que uno piense sobre su política, Donald Trump es brillante en este sentido. Los buenos comunicadores ven y toman en consideración a su audiencia para que se sienta incluida incluso cuando, literalmente, no puede responder. De esta manera, y aunque estemos hablando de una transmisión a millones de personas, parece como si alguien se estuviera dirigiendo a ti.

Lo contrario también es cierto. Una vez fui a un concierto de Sting en un impresionante escenario natural al aire libre en la Sierra de Gredos. En marcado contraste con los teloneros, Sting y sus músicos parecían ajenos al entorno y al público. Dejando de lado lo logrado del concierto a nivel técnico, sentí que no había comunicación y, en consecuencia, conexión, lo que fue decepcionante para mí.

No saber apreciar esta naturaleza intrínsecamente bidi-reccional de la comunicación explica gran parte de las quejas de la gente. El mayor problema es olvidar, ignorar o excluir a la audiencia.

Para los improvisadores, olvidarse del público es letal, por eso hacen todo tipo de cosas para generar una conexión y mantenerla abierta y viva. Puedes utilizar las mismas ideas para mantenerte conectado con tu público. Hazlo, y serás capaz de comunicarte de manera mucho más efectiva.

Hablemos de las presentaciones. Cada día, millones de personas se angustian con sus presentaciones de PowerPoint, se preocupan por los detalles del contenido. Sin embargo, en cada presentación hay siempre tres elementos. Tú, tu material y tu público.

De los tres elementos, el material es el que menos importa. Aun así, la gran mayoría de las personas se concentran casi exclusivamente en las diapositivas. Casi nadie piensa seriamente en lo que el público necesita. Entonces, ¿qué puedes hacer al respecto?

Toma en consideración a tu audiencia

Las personas que conforman tu público tienen sus propias necesidades, que no tienen nada que ver con los puntos en tu agenda. Si esas necesidades no se satisfacen, no podrán escucharte. Existe una especie de pacto tácito: si no los atiendes, ellos no te escucharán.

Este punto es muy importante. Incluso si se trata de una presentación, la comunicación consiste tanto en hablar como en escuchar. Puede que seas tú quien vaya a hablar más rato, pero eso no significa que tengas licencia para centrarte solo en ti mismo. Necesitas trasladar tu atención a las personas con las que estás hablando. Te haces un favor a ti mismo si se lo haces a ellos también.

Esto consiste, en parte, en ser sensible a las personas de la sala. Una vez, mi colega Gary Hirsch y yo dirigimos un taller en Tailandia para el que esperábamos unas cuarenta personas. Solo aparecieron seis. A pesar de ello, pasamos los primeros cinco minutos comportándonos como si estuviéramos hablando en una sala llena de gente, porque para eso era para lo que nos habíamos preparado. Nos llevó un rato darnos cuenta de que, dado que se trataba de un puñado de personas, podíamos mantener una conversación con ellos.

Errar de esta manera a la hora de «leer la sala» es muy fácil, razón por la que acuñamos una expresión para evitar que nos volviera a pasar: «el blanco de sus ojos». Es un recordatorio para verificar conscientemente lo que nos hace falta una vez que estemos en la sala con el público y podamos ver «el blanco de sus ojos». Esto nos obliga a pensar en cómo establecer una conexión con ellos y evita que nos dejemos llevar por nuestro propio pequeño mundo.

Desarrollamos esta idea como base para crear una herramienta que nos ayudara a satisfacer las necesidades de nuestro público. Consiste en cinco sencillas preguntas, que se han de responder desde la perspectiva del público. Son:

1. Confía en el conductor: ¿por qué deberían escucharte?

2. ¿A quién escuchan, más allá de las etiquetas?

3. Qué se espera de ellos; ¿qué tendrán que hacer?

4. ¿Qué obtendrán como resultado de la escucha?

5. ¿Están siendo vistos y considerados?

Se puede aplicar a cualquier escala, desde una gran presentación, a una pequeña reunión o incluso a una conversación individual, aunque cuando realmente cobra sentido es con un público considerable.

1. Confía en el conductor

Confiar en el conductor es una cuestión de credibilidad. La audiencia quiere saber por qué vale la pena escucharte a ti en particular. ¿Qué experiencia, comprensión o conocimiento tienes que te hace creíble en relación a este tema? Esto no significa que tengas que ser (o pretender ser) un experto. Significa que debes darles alguna razón para confiar en que vale la pena escucharte, en lugar de dar por sentado que estás en derecho de exigir su atención.

Cuando uso la improvisación con una audiencia del mundo de los negocios, por ejemplo, hablaré de mi experiencia en ese sector, no en las artes. Al hablar con españoles, podría utilizar un poco de jerga que demuestre que conozco el país. Si estoy trabajando con Nike, les diré que he trabajado con Nike antes, y así sucesivamente.

2. ¿Quién eres tú (el hablante) más allá de las etiquetas?

Si la comunicación consiste en crear una conexión entre personas, tu público necesita saber algo sobre quién eres como persona, más allá de las etiquetas. No todo, pero algo. Puede que seas Director de Operaciones, pero *¿quién* eres? Son pequeños detalles, pero marcan una gran diferencia.

A menudo esta necesidad se puede satisfacer de manera muy rápida, a través de algo tan simple como el lenguaje corporal: ¿caminas a grandes zancadas o pausadamente? Cómo formulas tu nombre es otra opción: ¿eres Rob o Robert Poynton, miembro asociado de Green Templeton College, Oxford? Puedes mencionar algún detalle personal inesperado, algún gusto o interés. La forma en que te vistes también tiene un efecto, así que piénsalo con antelación. No se trata de confesar cosas, se trata de añadir un toque humanizador.

Una buena manera de mostrar quién eres es jugar con el estatus. Un poderoso director ejecutivo podría, sin ir más lejos, jugar la baza de rebajar su estatus al mencionar cómo sus hijos lo desafiaban esa misma mañana. Rebajar el estatus es una forma particularmente efectiva de crear una conexión. Puedes lograrlo, literalmente, bajándote del podio. Yo a veces comienzo mis talleres sentado en el suelo, lo cual me sitúa por debajo de mi público, que está sentado en sillas, y cambia mi relación con ellos. Hay muchas maneras diferentes de hacerlo. Se puede contar una historia, hacer una observación o una pregunta, pero, sea lo que sea, para que el público tenga una idea de quién eres, debe ser personal.

3. Qué se espera de la audiencia; ¿qué van a tener que hacer?

Esto es algo en lo que normalmente no pensamos. Después de todo, sería lógico concluir que la audiencia está ahí para escuchar. Quizá sea cierto, pero incluso aunque parezca un público atento, mejor no dar por sentado que están dispuestos a escuchar. Es su elección.

De hecho, normalmente esperamos algo más del público. Puede que queramos que escuchen ciertas cosas; que respondan a algunas preguntas o las formulen ellos mismos; que nos proporcionen retroalimentación o involucren a alguien más; que tomen parte en un ejercicio, o en una conversación reflexiva después. Sea lo que sea, hay que hacérselo saber por adelantado. Si no lo hacemos, estarán todo el rato pensando qué se supone que tendrán que hacer, en lugar de escucharnos.

4. ¿Qué obtendrá la audiencia si escucha?

La gente siempre quiere saber qué va a sacar de algo. Y, además, es legítimo. Si van a darte su tiempo y atención, tiene sentido que quieran saber qué obtendrán a cambio. Así que díselo. ¿Obtendrán nuevas ideas? ¿O alguna herramienta? ¿O la oportunidad de jugar?

Lo importante aquí, una vez más, es demostrar que has dedicado tiempo a pensarlo. En realidad, diferentes personas pueden obtener diferentes cosas de lo que dices, pero lo que importa es demostrar que tienes sus intereses presentes. Esto es diferente a tratar de controlar cómo responden.

Una vez más, las posibilidades son infinitas. Ten en cuenta que lo que les estás dando no es necesariamente información; podría ser una nueva perspectiva o la oportunidad de desconectar de determinadas preocupaciones.

5. ¿Se ve o se reconoce a la audiencia?

El presentador es el centro de atención, pero la audiencia también necesita que la vean. Obviar esto tiene consecuencias. Si el público siente que no lo ven, a menudo desconecta o se comporta mal para revertirlo. Entonces la comunicación se rompe.

Cuando los improvisadores piden a su audiencia que piensen en y digan en voz alta una profesión, siempre hay alguien que grita «proctólogo». En realidad, no es que quieran ver en escena una exploración del recto, sino que los vean a ellos mismos. Lo cual es, en parte, la razón por la que los improvisadores piden sugerencias: visibiliza al público.

En un entorno empresarial es frecuente que las personas, si no se sienten vistas, planteen preguntas u objeciones incómodas. En breve analizaremos cómo lidiar con esto, pero es importante darse cuenta de que si nos preocupamos por ver bien a la audiencia desde el principio, evitaremos que aparezcan muchos de estos obstáculos. Esto es particularmente importante si lo que buscamos es la aprobación de algún tipo de propuesta. Asegúrate de tomar en consideración a la audiencia desde el principio, o se encargarán de que lo hagas diciendo «no» a todo lo que les propongas.

En el caso de una presentación, es tan fácil como mencionar que la sala está medio vacía, llena hasta los topes, o que es tarde. No tiene por qué ser necesariamente algo que toda la audiencia comparta. Puedes visibilizar a toda una audiencia a través de un detalle de una persona, diciendo «al entrar, Juan me ha dicho que ha tenido una semana difícil», por ejemplo. El resto de la audiencia empatizará.

Esto es exactamente lo que sucede en un concierto cuando una estrella de rock dice en un estadio: «¡Buenas noches, Glastonbury!». Si estamos entre la multitud, nos sentimos genial porque nos sentimos vistos. Aunque no es lógico —incluso la estrella de rock con el mayor colocón *debería* saber dónde está—, a la multitud le encanta. Se crea una conexión.

Puedes, incluso, utilizar las reticencias del público a participar como una forma de visibilizarlo. Cuando una sugerencia en uno de sus talleres no recibe respuesta alguna, Adam Morgan suele decir: «Me tomaré este silencio como una señal de asentimiento entusiasta». Utiliza el comportamiento de la audiencia como una oferta y obsérvalos en el proceso.

Estas preguntas hacen las veces de lista de control. Escribe cómo piensas satisfacer cada una de estas necesidades en los primeros minutos (que es donde ganas o pierdes a tu público). No cuesta demasiado; las necesidades de la audiencia se pueden satisfacer muy rápido y, a veces, a la vez.

Es muy fácil de hacer. En mi caso, con frecuencia me acuerdo de ello en el último minuto y acabo repasando las preguntas a toda prisa en el taxi de camino a una reunión.

Pero, incluso a estas alturas, me sigue ayudando. Invariablemente doy con algo que había pasado por alto y realizo los cambios necesarios. La improvisación no siempre consiste en ser espontáneo. Poner énfasis en las necesidades de la audiencia por encima de las nuestras nos brinda herramientas que nos pueden ayudar a prepararnos.

Sentir el miedo

Es curioso que nos olvidemos tan fácilmente de pensar en algo tan importante como lo que necesita la audiencia. ¿Por qué sucede? El miedo es una de las razones. Nos preocupa enormemente lo que piensan los demás de nosotros. Tanto es así que es más fácil mirar hacia otro lado. Damos importancia a los detalles (como las viñetas o el tipo de letra que utilizaremos) para evitar enfrentar los problemas más difíciles. En lugar de centrarnos en lo que es importante, nos centramos en lo que podemos controlar, es decir, las diapositivas.

Los improvisadores, por el contrario, entienden que una audiencia, aunque da miedo, también es un gran apoyo. Saben que a la gente no le gusta asistir al fracaso, por lo que, en alguna medida, quieren que tengas éxito.

Aunque parezca contradictorio, creo que no lo es. El escenario en sí ya es una metáfora útil. Es plano y sirve de apoyo, pero tiene un canto vivo, no redondeado. Si te pasas de largo caerás en picado al foso de la orquesta. Un público es similar.

Si los tienes en cuenta, serán solidarios y comprensivos. Pero si no atiendes a sus necesidades, son despiadados. Su atención y compromiso se interrumpen de repente, como el borde del escenario. Estas preguntas sirven para mantenerse alejado de ese límite.

No quiero decir que el contenido en una presentación sea irrelevante. Las buenas diapositivas mejoran las cosas y un buen material puede, puntualmente, asegurarte el éxito. Hay, por ejemplo, una magnífica charla TED del estadístico Hans Rosling (autor de *Factfulness*) cuya visualización animada de datos es impresionante. Estas animaciones fueron el resultado de décadas de trabajo. Consciente de que las presentaciones consisten en algo más que buenos datos, al final, Rosling se desviste dejando a la vista un chaleco de spandex y a continuación se traga una espada (o, para ser más exactos, una bayoneta de infantería sueca del siglo xix). De verdad. Échale un vistazo.

Salirse de la pista

A menudo me preguntan cómo responder a preguntas u objeciones. Son cosas que dan miedo porque lo que la gente plantea está fuera de tu control. Pero si realmente quieres comunicar, las ofertas de la audiencia, del tipo que sean, son una bendición. Una pregunta agresiva puede ser una gran oferta si estás dispuesto a tratarla como tal. Además, responder bien a ese tipo de voleas es una de las formas más rápidas y efectivas de conectar con la audiencia.

Lo primero es desprenderte de la idea de que necesitas saberlo todo. La ansiedad proviene en gran parte de la sensación de que tenemos que ser capaces de responder de forma contundente a cualquier pregunta. Esto no sirve más que para inhibirnos. Ríndete. Permítete no saber. Algunas preguntas no se pueden responder, algunas objeciones no merecen tu atención, algunas cosas no son apropiadas para tratarlas en público y otras, por interesantes que parezcan, no se ajustan a tu propósito en un momento dado. Necesitas saber qué es lo importante para ti en este momento. Necesitas entender claramente tu propósito y cómo los eventos que se desarrollan sirven o impiden tu progreso hacia él. Sin conocerlos a fondo, podemos pensar que los improvisadores dicen «sí» a todo, pero eso no es cierto. Constantemente están eligiendo qué ofertas aceptar y cuáles bloquear en función de lo que su historia necesita a continuación. Con mucho gusto bloquearán ofertas con aspecto de callejones sin salida o que distraigan del objetivo principal de la historia. Lo hacen de manera rápida e instintiva, y desarrollan un sexto sentido para las ofertas que nutren su historia. Puedes hacer lo mismo.

Una vez dirigí un taller para un equipo de respuesta a desastres naturales en Asia. En una de las sesiones me preguntaron cuáles eran culturalmente los puntos más complejos de decir «sí» o «no» en diferentes culturas asiáticas. Traté de responder. Fue un error. ¿En qué estaría pensando? No sé nada sobre las culturas asiáticas, así que mi respuesta fue vaga, inútil, y me hizo quedar como un tonto. Me había dejado seducir por mi posición. Estar al frente de la sala me hizo sentir que tenía que contestar. Hubiera hecho mucho mejor en seguir el ejemplo de Mark Twain: «Me complació poder responder rápidamente y lo hice. Dije que no lo sabía».

Veinte minutos después, hice exactamente eso. Me preguntaron sobre cómo reaccionar ante el engaño que se puede dar durante los desastres. Recién pasado el mal trago anterior, respondí con un bloqueo. Reconocí que no tenía respuesta y señalé que no era posible abordar una pregunta tan compleja en medio de un taller con cuarenta personas. Todas las cabezas en la sala asintieron, incluida la de la persona que había planteado la pregunta (que al menos se sintió visibilizada, incluso aunque no obtuviera una respuesta). Así que también hay espacio para el bloqueo. Es una respuesta legítima.

Dejar de pensar en que tienes que responder a todo de inmediato te ayudará a lidiar con la ansiedad que pueden provocarte las preguntas difíciles.

La mayoría de las veces, sin embargo, buscarás que la cosa fluya, por lo que no querrás bloquear. Como habrás adivinado sin esfuerzo, esto significa notar más, desprenderse y usar todo. Escuchar no es la propuesta más radical, pero el problema es que ante una pregunta u objeción, muchas veces no lo hacemos. Pensar que nos pondremos en un aprieto nos genera ansiedad y, ante ello, la mente corre o se queda en blanco. Lo más fácil es perderse en los propios pensamientos, saltar a una respuesta preparada o responder a una pregunta diferente. Prueba a hacer un esfuerzo consciente para escuchar la pregunta real que la persona te está haciendo en ese momento.

Aquí, tu cuerpo es tu amigo (y aliado). Úsalo. Respira, inclínate hacia adelante o acerca la cabeza hacia el interrogador y establece contacto visual. Encuentra esos gestos que te funcionan (esto es parte de la práctica sostenida de fijarte más en cómo portas y usas tu cuerpo). Presta atención tanto al tono como al contenido. Fíjate todo lo que puedas en cómo se te realiza la pregunta. Percibe el énfasis, la energía o la emoción: también son parte de la pregunta.

Al escuchar atentamente de esta manera, obtienes una pausa y muestras respeto hacia la persona que pregunta (y hacia su interrogante). Reducir la velocidad te lleva al presente y te permite dejar de lado las «historias sombra» o las expectativas. Obtienes algo de tiempo para reflexionar sobre la pregunta antes de lanzar una respuesta. Hasta unos pocos segundos pueden marcar la diferencia.

No es tiempo suficiente para pensar, planificar o analizar conscientemente, pero sí para dejar que tu inconsciente, que trabaja mucho más rápido, se ponga en marcha. Si escuchas de verdad, descubrirás que tienes más recursos de los que imaginas.

Escuchar también tiene un efecto importante en quien pregunta. De hecho, a veces escuchar es todo lo que se necesita. En ocasiones, que te escuchen y consideren es más importante que recibir una respuesta. Como hemos visto más arriba, detrás de muchas preguntas «difíciles» se esconde, en realidad, el deseo de ser visto.

Si escuchas, estás en condiciones de tratar la pregunta como una oferta. No saques conclusiones precipitadas sobre por qué alguien plantea esa pregunta, ni juzgues a la persona que la hace. Deshazte de cualquier «historia sombra» que surja en ese momento. Las motivaciones e intenciones del que pregunta pueden ser buenas o malas, pero nunca lo sabrás, así que tratar de adivinarlo no te ayudará. Olvídate de esos juicios y, en su lugar, límítate a considerar la pregunta como una invitación. Lo que significa encontrar la manera de usarla.

Como siempre, si interpretas algo como una invitación, lo será. Hay muchas maneras de usar una pregunta u objeción. Intenta responder una pregunta con otra pregunta (que, casualmente, es otro juego de improvisación). Podrías decir, por ejemplo:

— ¿Qué te hace preguntar eso?
— ¿Alguien más tiene la misma pregunta?
— ¿Quién podría responder de la mejor manera?

Respuestas de este tipo muestran que te estás tomando la pregunta (y a la persona que la plantea) en serio, y que tratas de entender su problema en lugar de dar una respuesta simplista.

A diferencia de las presentaciones, donde las personas tienden a guardarse sus pensamientos para sí mismas, en los talleres a veces se vuelven muy agresivas y dicen cosas como: «Qué estupidez, esto es una completa pérdida de tiempo». Hace años, este tipo de respuesta me hubiera molestado, pero ahora, de manera improcedente quizá, me gusta. Hay toneladas de energía y emoción en un comentario así, y la persona que lo hace normalmente es valiente y honesta. Lo cual es una gran oferta.

Para la persona que objeta (y para el resto del grupo), es un gesto poderoso si puedes aceptar su respuesta en lugar de tratar de discutir con ella. Aceptar no significa estar de acuerdo. Puedo preguntar por qué piensan que lo que estamos haciendo es estúpido, o una pérdida de tiempo, o en qué consiste no perder el tiempo. No hay necesidad de demostrarles que están equivocados. Quién sabe, quizá tienen razón y, a través de la investigación, yo podría llegar cambiar o ajustar lo que hacemos con buenos resultados.

A menudo, estar excesivamente pendiente de «cerrar» los temas de nuestra agenda es lo que provoca el miedo a las objeciones o preguntas. Pero no tiene sentido cerrar temas que no enganchan. Si solo te hablas a ti mismo, no te estás comunicando, por muy apacible que parezca todo o por muy bien que lo formules. Las preguntas y objeciones a lo que dices son retroalimentación en tiempo real y te permiten ajustarte en consecuencia; es entonces cuando te estás comunicando de verdad.

En mi opinión, en el seno de las dificultades que rodean a la comunicación subyace una gran ironía. Queremos establecer una conexión con las personas y, sin embargo, nos inventamos todo tipo de escudos y barreras, como un Power-Point, para protegernos de ellas, lo que acaba generando distancia. La comunicación no es fácil pero, en esencia, es un asunto muy simple que tendemos a complicar demasiado. Los improvisadores nos han dado una serie de herramientas específicas que nos pueden ayudar a comunicarnos mejor en entornos formales, como presentaciones. Más importante todavía, nos brindan una forma de trabajar que nos permite ver y comprender los componentes básicos de la comunicación. El modesto conjunto de ideas y comportamientos expresados en las prácticas básicas tiene un valor incalculable. Aplícalo a tu forma de comunicar y es posible que acabes haciéndolo todo el día por el resto de su vida.

Kirsten Gunnerud — *Un lugar seguro*

Kirsten Gunnerud es facilitadora y experta en estrategia, especializada en creatividad, curiosidad y aprendizaje experiencial. Es la fundadora de Rocket Trike Studios.

Para mí, todo comenzó hace veinte años. Había renunciado a mi trabajo y me había mudado a Utah, dormía en casa de un amigo y no tenía ni idea de lo que iba a hacer. Por casualidad me topé con un taller que dirigían Robert y Gary, y algo me dijo que tenía que asistir. Y no sé por qué.

Para mí ha sido algo increíble. Se ha convertido en pieza fundamental de todo lo que hago. Conforma todo mi trabajo, cómo interactúo con las personas, cómo crío a mis hijos, el tipo de cosas que trato de enseñarles y hacer que trabajen.

Construir nuestro conjunto de habilidades en torno a los tres círculos (notar más, dejar ir, usar todo), hace que obtengamos esa capacidad de navegar prácticamente en cualquier situación. Para mí se ha convertido en una fuente de seguridad en mí misma. Puedo decirme: «Cierto, esto no me gusta, no quiero estar aquí, pero al menos tengo las herramientas para saber qué hacer con lo que me pasa». Estos ejercicios ayudan a equilibrar todo lo demás que nos han enseñado.

Diferentes personas usan las prácticas de diferentes maneras. Personalmente, con la que más sintonizo de forma natural es con *notar más*. Me encanta trabajar con esa práctica porque a muchas personas de mi edad nos han enseñado a no notar. Sin embargo, hay mucha magia, mucho con lo que trabajar a nuestro alrededor. Cuando consigo que la gente vuelva a sintonizar con eso veo cambios inmediatos.

Esto tiene muchas connotaciones. Podemos notar más con nuestro cerebro, con nuestros sentidos físicos y, más allá de eso, con nuestra intuición, ese sentido profundo que tenemos de las cosas (incluso aunque no siempre tenga sentido). Y nos han enseñado a cerrar muchos de ellos.

A las personas que están pasando por dificultades o se encuentran atascadas, les pido que escriban un diario sobre «notar más», y dirijo su atención hacia esas pequeñas cosas hermosas que suceden todo el tiempo, ya sea algo tan simple como una mariposa en vuelo o el amanecer, no importa. En pocos minutos, simplemente con notar de esta manera se puede llegar a transformar la vivencia de una persona.

Dejar ir es más difícil, al menos para la mayoría de las personas que conozco, pero muy útil. Por ejemplo, con niños. Estos tienen mucho con lo que lidiar, como las cosas malas que dicen y hacen otros niños, por lo que ayudarlos a pensar en dejar ir cosas puede ser realmente útil.

Con mis hijos, si alguien ha dicho algo horrible, en primer lugar analizamos por qué puede haberlo hecho (se trata de notar más). Y luego, si nos damos cuenta de que ese niño podría estar sufriendo o intentando ser popular, podemos poner en marcha el úsalo todo e identificar que las razones por las que está haciendo eso pueden no tener nada que ver con mis hijos. Así llegamos a *dejar ir,* que consiste en que no necesitas tomártelo como algo personal, ni necesitas interiorizarlo, porque en realidad no te pertenece. Así que lo uso para hablar de una situación difícil con mis hijos.

Hay mucho de lo que tenemos que desprendernos. Puedes dejar ir la sensación de que tienes que ser profesional, adulto, serio, perfecto y correcto, desprenderte de tu título, desprenderte de quién piensan los demás que eres…, la lista es interminable. Solo tienes que estar presente y en esto, y ver qué pasa. Si lo logramos, podemos aprender algo y crecer. Salimos mejores y más felices del proceso. ¿Y cuántas veces nos pasa algo así?

4
Creatividad

La creatividad distingue a los humanos. Todo lo que creamos o hacemos depende de nuestra historia creativa. Desde las hachas de piedra hasta los supercolisionadores, la capacidad de crear por nosotros mismos es una de nuestras características definitorias.

De las hachas pasamos al fuego, las flechas, las ollas, la agricultura, la cocina, las recetas, la alta cocina, la nueva cocina, etcétera, hasta llegar al chef celebridad. Por el camino, creamos el lenguaje, el arte, la ciencia, la filosofía y las bolsas de basura con esas cintas que las hacen más fáciles de cerrar (una de mis cosas favoritas). Con nuestra creatividad hemos dado forma y moldeado en gran medida el mundo que nos rodea. La creatividad es una parte importante de lo que nos hace humanos.

Si la creatividad es nuestro pasado, también es nuestro presente. En nuestro día a día nos enfrentamos constantemente a amenazas y oportunidades que no podemos anticipar, que requieren (o propician) una respuesta creativa de todos nosotros. La pandemia que se desató en 2020 nos lo demostró de manera dramática, a gran escala. Hoy más que nunca es evidente lo importante que es poder adaptarse. Habrá otra pandemia: y no se parecerá a la última. No podremos hacer «cortar y pegar» del pasado, por lo que el tipo de futuro que nos espera depende de nuestra capacidad para ser creativos.

También tenemos que encontrar la manera de arreglar los destrozos producidos por las «soluciones» industriales de ayer sin producir aún más desechos tóxicos, sin desperdiciar energía ni destruir los ecosistemas de los que dependemos para cultivar alimentos, reciclar agua o producir oxígeno. Pero hacer menos de lo que hacemos actualmente no será suficiente. Para lidiar con el cambio climático necesitamos ser creativos a una escala nunca vista antes. El problema es enorme, complejo y nuevo, por lo que no tenemos las soluciones, tenemos que crearlas.

En una charla TED en 2006 reproducida más de 72 millones de veces, Sir Ken Robinson, entonces profesor emérito de educación en la Universidad de Warwick, argumentó que la creatividad es la nueva alfabetización. Es así de importante. En una economía global, impulsada por el rápido cambio tecnológico, la creatividad a todos los niveles es fundamental. Organizaciones de todo tipo, incluidos los gobiernos, las empresas y las ONG, necesitan nuevas formas de dar servicio a las personas a medida que las necesidades de estas cambian. Es posible que tengan que crear nuevos servicios o productos, ofrecer los antiguos de otra manera o reinventarse por completo.

Lo mismo es cierto para las personas, que necesitan ser creativas no solo para seguir siendo empleables sino para dar forma a sus vidas, que no seguirán los predecibles caminos profesionales de antes. Como señala Robinson, la mayoría de los niños en la escuela de hoy realizarán trabajos que aún no se han inventado. Esto nunca había sucedido antes.

Además, los dilemas humanos más interesantes e importantes, como conciliar libertad y seguridad, quedan siempre sin «resolver». En lugar de conformarnos con respuestas individuales, tenemos que ser capaces de generar una serie de respuestas creativas conforme nos adaptamos, de nuevo, a las cambiantes circunstancias. El mundo no se detiene, y nosotros estamos siempre respondiendo a la vida en toda su complejidad.

La creatividad tampoco consiste únicamente en resolver problemas. Es importante para la calidad de nuestras vivencias diarias. Ser parte de un proceso creativo aporta alegría y deleite tanto a quienes participan como a quienes se benefician de él. Y no es terreno exclusivo de los artistas o ganadores del Premio Nobel. El psicólogo Mihály Csíkszentmihályi, que ha dedicado su carrera al estudio de la felicidad y la creatividad, sostiene que «para tener una buena vida no basta con sacar lo malo». La felicidad, al parecer, es algo más que resolver problemas. Para ser felices, necesitamos encontrar maneras de expresar y desarrollar nuestra creatividad. Resulta que la creatividad es algo realmente importante.

Cocreación

Dada su importancia, es preocupante que el concepto popular de creatividad sea tan engañoso y esté tan generalizado. Si pedimos a una persona que nos explique cómo es alguien creativo, es probable que describa alguna versión del «inventor loco» o «el artista en su buhardilla». La imagen es la de un individuo solitario, de excepcional talento, inmerso en un tortuoso proceso de creación en el que la inspiración le llega en cegadores destellos.

En esta imagen, dos características llaman la atención. Primero, no se trata de una descripción muy precisa de cómo funciona la creatividad, ni en las artes ni en la ciencia (ni siquiera en los negocios). En segundo lugar, representa a las personas creativas como «otros». Están desconectadas y separadas.

Si esta es la imagen que tienes tú también, es poco probable que te consideres creativo. Esta imagen actúa como un inhibidor. Te impide ser, o volverte, todo lo creativo que puedes llegar a ser. Parafraseando a Henry Ford, si crees que no eres creativo, tienes razón. Tenemos que desterrar esa imagen.

Comencemos con el dolor. Efectivamente, ganarse la vida como artista puede ser difícil, pero eso no significa que el proceso creativo en sí sea necesariamente doloroso. Puede que haya que luchar, pero, en muchos sentidos, el juego es más importante para la creatividad que el dolor. Los improvisadores se divierten muchísimo mientras crean. Es una de las principales razones por las que lo hacen.

La idea de que naciste creativo (o no) tampoco ayuda. A menudo escucho a profesionales de la creatividad que promueven esta idea. Esto no tiene nada de sorprendente, pues los vuelve «especiales». Sin embargo, para aquellas personas que no se dedican profesionalmente a la creatividad, establece una profecía autocumplida. Si la creatividad es un talento innato, tratar de desarrollarla es una tontería, así que, oh, sorpresa, no lo haces.

Es más útil pensar como los antiguos griegos, que plantearon que a las personas las «visitaba» una musa. Durante siglos, la inspiración fue un toque divino. Llegaba y se iba. No era ni un talento ni una posesión, ni te pertenecía solo a ti.

De hecho, esto es mucho más acertado que considerar la creatividad como un talento individual especial. Las personas creativas rara vez trabajan de forma aislada. Siempre hay un entorno: un movimiento o una comunidad de algún tipo, donde las ideas se desencadenan, se intercambian, se abonan y se prueban. Puede suceder de manera informal, como en las cafeterías del Londres del siglo XVII, o formal, como en el moderno proceso científico de revisión por pares, pero, de una forma u otra, existe una interacción entre las personas y sus ideas.

Esto resulta especialmente obvio con los improvisadores, cuyo proceso creativo es visiblemente colectivo. Pero incluso cuando alguien parece estar aislado, continúa interactuando con las ideas de otras personas a través de la lectura o la correspondencia. Atribuir actos de creación a individuos queda impecable (y puede ser conveniente para los individuos en cuestión), pero casi siempre hay un elemento de colaboración. El individuo es siempre parte de un contexto, y las ideas surgen de la relación entre las personas que operan en ese contexto.

Si la creatividad se va a convertir en la nueva alfabetización, tenemos mucho trabajo por hacer. Usar la improvisación como fuente de inspiración es una buena manera de desafiar muchas de nuestras suposiciones sobre la creatividad. También proporciona algunas indicaciones específicas sobre cosas prácticas que podemos hacer para desarrollar nuestras habilidades creativas. Voy a analizar cuatro de ellas:

1. La importancia del juego
2. Hacer de manera creativa, no pensar de manera creativa
3. Anteponer el flujo
4. Aceptar la restricción

Echemos un vistazo a cada una.

1. La importancia del juego

Los Comedy Store Players llevan realizando una vez por semana, desde 1985, un espectáculo improvisado para satisfechos clientes de pago. Esto representa miles de horas de incesante creatividad. Hay grupos como este en todo el mundo. Los improvisadores ofrecen un producto altamente creativo durante largos períodos de tiempo, con constancia y fiabilidad.

Si esta habilidad fuera mercurial y misteriosa, no nos quedaría más que sentarnos y aplaudir. Sin embargo, los improvisadores se basan en un cuerpo de conocimiento que les permite hacerlo. No es suerte ni casualidad. La pregunta es, ¿qué podemos tomar prestado o emular?

Los improvisadores se dedican sobre todo a la comedia. Lo que significa que tienden a no tomarse a sí mismos demasiado en serio. Son felices jugando. Los demás deberíamos tomar nota. Tendemos a tomarnos a nosotros mismos (y nuestro trabajo) con más seriedad. Nos consideramos adultos responsables, haciendo cosas importantes, con las que no se debería tontear. Nos puede parecer que no tenemos el tiempo, la energía o el permiso para divertirnos. Que es un lujo que dejamos atrás, en la infancia. La imagen que tenemos de nosotros mismos no incluye ser juguetones, como tampoco lo hace la descripción de nuestro trabajo.

Si quieres ser más creativo, debes cambiar eso. O, al menos, estar dispuesto a desprenderte de ello de vez en cuando. John Cleese ha sugerido que la creatividad no es tanto un talento especial como la voluntad de jugar.

Jugar es algo más que diversión (aunque ya llegaremos a eso más tarde). El juego y la alegría son importantes porque abren la puerta a nuevas posibilidades. En un primer momento, las nuevas ideas resultan siempre extrañas. A través del juego exploramos qué nos pueden llegar a ofrecer. Coqueteamos con lo desconocido.

Permítete ser juguetón. Escríbete un permiso, si quieres. Párate a pensar en las ideas que normalmente descartarías, aunque solo sea un momento. Usarlo «todo» incluye también aquellas cosas que pueden parecer tonterías, así que mantén posibilidades nuevas o inusuales «en juego» y observa a dónde te llevan.

No te empeñes demasiado en saber lo que quieres o nunca te permitirás descubrir nada más. De haberlo hecho, Alexander Fleming no hubiera descubierto la penicilina. ¿Cómo sabes si algo se volverá relevante? Permite que una actitud lúdica te distienda, te ayude a «dejar ir». Lo que más preocupa al artista Steve Chapman cuando hace de tutor de estudiantes de máster son aquellos que tienen sus disertaciones com-

CREATIVIDAD

pletamente planificadas de antemano, a quienes pregunta: «Entonces, ¿dónde está el margen para el aprendizaje o el descubrimiento?».

Juega con cosas al límite de lo normal o conocido. Lee una revista que normalmente nunca escogerías. *Rabbit Owners Monthly*, por ejemplo, te mostrará un mundo que desconocías (y con ello, por lo menos, los límites del tuyo). Habla con alguien que no conoces. Pídele consejo a un niño de cinco años. Suscríbete a un boletín que no tenga nada que ver con tu trabajo (y borra los que sí tengan que ver). Come comida diferente. Permítete divagar en lugar de estar siempre «esforzándote». Mira hacia arriba. Mira de lado. Deambula. A menudo, el territorio fértil se encuentra en los márgenes o se superpone. Si eres demasiado directo o tienes demasiada prisa, nunca lo encontrarás.

Las ganas de jugar también nos ayudan a dejar de autocensurar nuestras propias ideas. Si simplemente «jugamos», entonces no importa la impresión que damos. Así es más fácil dejar de preocuparse por si algo suena estúpido. Los músicos tocan y se divierten hasta que surge algo. El documental de Peter Jackson sobre los Beatles, *Get Back*, nos permite observar los momentos en que, a través del juego (alimentado con importantes cantidades de té y tostadas), surgieron esas canciones que conocemos de toda la vida. Que el juego sea divertido es un plus, pero no consiste solo en eso. El juego invoca e involucra a la persona en su totalidad: hemisferio izquierdo, hemisferio derecho, cuerpo y todo ello. Nos conecta con otras personas y forjamos tanto relaciones como ideas. Nuestros esfuerzos suman. La carga es compartida. Se libera energía y risas. Los improvisadores entienden estos principios y los incorporan en su trabajo.

Gary, por ejemplo, se pregunta constantemente: «¿Estoy disfrutando esto?». Considera la alegría como una vara de medir perfectamente válida y cree que si se está divirtiendo, entonces será más efectivo. «¿Lo estamos pasando bien?» es la métrica clave para el trabajo que hacemos juntos en The Everyday Improviser, un programa *online* interactivo sobre improvisación en la vida cotidiana (de hecho, es la única métrica).

Si Gary no se lo está pasando bien, cambia a otra cosa. No es que se dé por vencido, ni que se marche enojado, significa que se pregunta cómo tiene que actuar para hacer que las cosas sean más agradables. Esto requiere presencia de ánimo y disciplina. También requiere una predisposición a cambiar, es decir, estar preparado para equivocarse. El resultado es que Gary es la persona que mejor se lo pasa en el trabajo que conozco.

Por el contrario, para la mayoría de nosotros la diversión es una barrera. Vemos el juego como algo trivial o infantil. Creemos que no debemos ser felices, ni divertirnos en el trabajo, o hacerlo solo cuando nos lo «ganamos». Cuando trabajo con líderes sénior me llama la atención lo incómodos que se sienten ante el juego y lo sospechoso que les resulta. No disfrutan ni del juego en sí ni de ninguno de sus beneficios.

En esta actitud se percibe la fuerte influencia de puritanos e ingenieros en la cultura moderna. Para los puritanos, el trabajo es virtuoso mientras que el juego es indulgente y pecaminoso. Para un ingeniero, «juego» es holgura en un mecanismo, por lo que, en demasiada cantidad, puede ser algo malo. No es de extrañar que nos resulte difícil participar en el juego.

Si anhelas ser más creativo, puedes cultivar la voluntad de jugar o ser juguetón a nivel individual y colectivo. Esto significa ser más curioso y tener la mente más abierta, y encontrar fuentes de inspiración inusuales. No como una distracción o una recompensa, sino como parte del propio trabajo. Esto, dada la imagen que la sociedad tiene del juego, requiere compromiso y cierto coraje. Es un trabajo duro, pero alguien tiene que hacerlo. ¿Por qué no tú mismo?

2. Creatividad en el hacer, no en el pensar

Cuando las personas miembro de organizaciones me hablan de creatividad, normalmente se refieren a pensamiento creativo. Pero lo que realmente importa es el *acto* creativo. Cuán creativos sean tus pensamientos no tiene trascendencia si no se traducen en acción.

Necesitas cocinar algo o encontrar una manera de reparar la valla. En el trabajo tienes que crear nuevos envases, o conseguir que las personas contesten el teléfono de otra manera. Mientras construíamos nuestra casa, aprendí que muchas de las ideas más creativas no estaban en los planos, sino que surgían del simple acto de construir. La mano era tan importante como la mente.

Para ser creativos tenemos que hacer algo, no solo pensar en hacerlo o hablar de ello. La creatividad se encarna. Es física, no abstracta. No puedes ser creativo limitándote a pensar. Incluso en el caso de los matemáticos, el acto físico de escribir ecuaciones en la pizarra es importante.

La gente se engancha al pensamiento creativo porque es mucho más fácil pensar en algo que hacerlo. También dan por sentado que el pensamiento es lo primordial. Que para actuar creativamente primero debes pensar creativamente. Pero los improvisadores saben que esto no es cierto. Saben que actuar es tan efectivo, si no más, para conseguir conectar con una nueva forma de pensar. Actuar primero no significa ser irreflexivo o temerario. Significa hacer las cosas antes de saber exactamente cómo funcionan. Significa comprometerse físicamente con una acción y permitir que surjan ideas. El propio Nietzsche, un gran pensador, sugirió que todas las grandes ideas se conciben caminando. Dado que el cuerpo y la mente están integrados, no separados, las ideas son tan capaces de fluir del cuerpo a la mente como al revés. Ambos caminos son válidos.

Los actores salen a escena sin tener una idea previa. Puede que hagan un gesto o movimiento, sin definir qué es lo que están haciendo, ni al público ni a sí mismos. Solo cuando otro actor dice: «Parece que tienes problemas para abrir esa lata», descubrimos qué es (o para ser más exactos, en qué se ha convertido).

Al comprometernos con la acción, permitimos que otra persona agregue su propia interpretación, algo en lo que, quizá, nunca hubiéramos pensado. Así nos volvemos creativos. Juntos.

¿Quieres nuevas ideas? No te sientes en tu escritorio. Camina por el solar de la fábrica o visita la tienda. Llama a tu propia línea de servicio al cliente y comprueba cómo te tratan. Toca tu producto (o el de tus competidores) y juega con él, para llegar a conocerlo realmente.

Replantea la investigación de mercado como acción, no palabras. En lugar de probar ideas con «consumidores», encuentra a las personas que usan ese producto con asiduidad. No les preguntes qué piensan, observa lo que hacen. O mejor aún, súmate a ellos y juega.

Exactamente esto es lo que hizo un grupo de ingenieros de automóviles hombres que estaba diseñando un coche para mujeres. Estas sugirieron que uno de los ingenieros hiciera de mujer subiendo a un coche (para hacerlo más divertido, insistieron en que fuera el que tenía barba). Cuando la «mujer» barbuda se acercó al auto (imaginario) y dejó su bolso (imaginario) en el suelo para abrir la puerta, todas las mujeres exclamaron: «¡Eso *nunca* se hace!». Esto dio pie a una conversación creativa sobre cuestiones de seguridad, formas de desbloquear el coche, etcétera. Al hacer visible la acción, se crearon posibilidades que no hubieran ocurrido si solo hubieran hablado de ello.

Actuar primero también significa no intentar anticipar. La anticipación ralentiza las cosas. Es mucho mejor probar cosas. Haz un modelo o un prototipo en cuanto puedas y comprueba cómo funciona. Si lo que haces no es tangible, diseña un experimento o juego en lugar de un modelo. De una forma u otra, pon tu idea en práctica mediante el juego. Aprende de la experiencia. Incorpora ese aprendizaje y luego haz un nuevo prototipo.

Así trabaja el estudio de diseño IDEO, una de las empresas más creativas del mundo. En cuanto pueden hacen prototipos de lo que están diseñando. Su lema es «fallar temprano, fallar a menudo». Si quieres ser creativo, es mucho mejor centrarse en «fallar con seguridad», que significa realizar experimentos a pequeña escala con rápida retroalimentación. Es un enfoque muy diferente al «a prueba de fallos», donde predominan la precaución y el conservadurismo.

Hace años trabajé como consultor para una empresa de bebidas en el desarrollo de nuevos productos. La necesidad de estar seguro de todo lo hizo dolorosamente lento. Hubo innumerables rondas de desarrollo de conceptos y test de consumo. Mientras tanto, en un remanso de la misma compañía, a algunas almas ingeniosas se les ocurría algo entre risas, lo trasladaban a un bar y veían qué surgía de ello. No solo fueron ellos quienes aportaron las innovaciones más revolucionarias, sino que se divirtieron mucho en el proceso. Ojalá pudiera decir lo mismo.

Como los improvisadores, estos desarrolladores de bebidas renegados sabían algo: que al pensamiento creativo se le da una importancia exagerada. Si quieres ser creativo, no te quedes sentado y pensando en ello, haz algo.

Lo más fácil es moverse y muy posiblemente es lo más productivo. Esta es la indicación que doy con más frecuencia en mis talleres. A menudo es la única que necesito dar.

Cuando te mueves, pasan muchas cosas. Lo ves todo desde un ángulo diferente. La luz incide de manera diferente, te llegan sonidos diferentes, tocas una superficie diferente o sientes que el aire se mueve de manera diferente, con un olor o temperatura diferentes. Recibes una gran cantidad de información nueva. Cuando te mueves, cambias tu punto de vista.

También cambias tu entorno interior. Se bombea la sangre y los músculos se contraen. Tus sentidos, a los que solo les interesa el cambio, están más alerta. Millones de células nerviosas se disparan. Diferentes sensaciones conducen a diferentes sentimientos. Cambiar tu postura o posición cambia lo que recibes y cómo lo percibes. Todo esto sucede muy rápido. Es automático y potente.

Siéntate en una silla diferente. Ponte de pie. Túmbate. Da una vuelta a la manzana. Si quieres que una reunión sea más creativa, mueve a la gente. No dejes que se queden cómodamente apalancados en una silla en particular, o sus ideas también se apalancarán cómodamente. Si hacer esto de manera explícita te cuesta, sé astuto. Haz descansos frecuentes, mueve el mobiliario, cambia la configuración física para que las personas no puedan quedarse quietas, siéntate tú mismo en otro lugar (para crear un efecto dominó) o divídelos en grupos o parejas para conversar. La variación y el movimiento físico ayudan a las personas a mantenerse alerta, y aumentan las posibilidades de que se nos ocurra una nueva idea.

Un hermoso ejemplo del poder del movimiento (y de ser juguetón) es una charla TED a cargo de John Bohannon sobre bailar el doctorado. En un momento, con ganas de jugar, un científico invitó a algunos bailarines a que lo ayudaran a comunicar sus ideas físicamente. Lo que comienza como un medio para ilustrar ideas se convierte, inesperadamente, en algo más poderoso. Los bailarines, centrados en el cuerpo físico, tenían un punto de vista muy diferente al de los científicos a la hora de dar vida a las ideas, y comenzaron a hacer preguntas que a ninguno de los investigadores se les hubieran ocurrido. Este *input* cambió la dirección del trabajo científico en sí y les aportó nuevas ideas y puntos de vista. Lo que demuestra que, cuando se trata de creatividad, tener un cerebro potente está muy bien, pero no hay nada como un buen cuerpo.

3. Priorizar el flujo

La gente a menudo dice: «Las malas ideas no existen». No estoy del todo de acuerdo. Hay muchas malas ideas. Lo sé porque las tengo constantemente. Todos las tenemos. Lo importante es no juzgar las ideas en cuanto aparecen. Si lo hacemos, no solo nos las matamos, sino que matamos todas las que podrían haber venido después. Por eso la filosofía del estudio de animación Pixar consiste en «de malísimas a no tan malas». Con ello reconoce que las primeras ideas serán, probablemente, muy malas. Esto me parece más útil que la afirmación de que «las malas ideas no existen», que encuentro equivocada y cursi.

En su lugar, prefiero decir: «No hay tal cosa como una buena idea... todavía». Esto implica que las ideas nacen incompletas. El «todavía» es importante. Pone el énfasis en lo que hacemos con las ideas, y saca presión a la idea en sí. Independientemente de si tu primera idea es buena, mala o indiferente, necesitará desarrollarse, evolucionar, tal vez incluso transformarse. Toda idea, como todo ser vivo, necesita crecer.

Para lograr esto, los actores de improvisación prestan atención al flujo. Su primer impulso es ponerse en marcha. Saben que el público quiere que suceda algo, así que comienzan una historia con lo que tienen. Si es una manzana, le dan un mordisco. O la meten en la boca del cerdo que están asando. O la usan para descubrir la gravedad o tentar a Eva. Lo que hacen importa menos que la fluidez con la que lo hacen. Conocen y entienden la importancia del impulso en el proceso creativo. Entienden que las ideas pueden evolucionar muy rápidamente una vez se genera el flujo.

El cineasta Robert Rodríguez trabaja de manera similar: «Si te sientas y no te mueves; si tratas de imaginar cómo vas a hacerlo todo, ya estás viendo obstáculos que no quieres enfrentar y no lo harás. Algo mágico sucede cuando, simplemente, avanzas».

Tratar de saberlo todo conduce a la parálisis. Agonizar sobre si algo es perfecto o no te hará daño a ti y al proceso (como sugiere la palabra *agonizante*).

La práctica de aceptar está en el núcleo de todo esto. Aceptar una oferta es tomar algo, reconocer su existencia, y hacer algo con ello. Esto genera flujo. Extiende tu mano, yo te la aprieto. Me dices que perdiste tu trabajo, te compadezco (o te felicito, dependiendo de las circunstancias). Aceptar una oferta significa conectar dos ideas, construir a partir de ellas y generar más posibilidades. Da impulso al proceso. Toma en consideración e incluye a otras personas mediante el uso de sus ideas, en lugar de ignorarlas o marginarlas. Esto alienta a los otros a hacer más contribuciones. Y sirve tanto para una reunión familiar como para una de negocios.

Si aceptas las ideas en lugar de bloquearlas, estas tienen la oportunidad de llegar a alguna parte. Pones en marcha un proceso evolutivo. Tus primeras ideas dan luz a un gran número de otras ideas (y estas a otras, y así sucesivamente). Por eso es importante no juzgarlas inmediatamente. Cuando noqueamos una idea, matamos a todos sus descendientes también. Suena brutal, pero es cierto. Necesitamos la fluidez que aporta aceptar ideas, porque la mejor manera de tener buenas ideas es tener muchas. Aceptar no es una actitud pasiva ni una muestra de debilidad. Cualquier ofrecimiento se puede aceptar de muchas formas, como lo demuestra el ejemplo anterior con la manzana.

Pensar que unas ideas dan luz a otras ideas también nos recuerda que, tal y como hacemos con nuestros propios hijos, hay que desprenderse de ellas, dejar de intentar controlarlas y ver qué surge (algo que es más fácil si, para empezar, las consideramos como un regalo de la musa).

Esto queda particularmente claro una vez que las ideas comienzan a desarrollarse. El proceso creativo no se detiene por el hecho de comenzar a hacer algo (o «ejecutar», en esa jerga empresarial bastante macabra). Tenemos que estar preparados para seguir soltando porque, durante el proceso de realización, una idea puede transformarse aún más, y a menudo con buenos resultados.

Leonardo da Vinci hizo muchos bocetos de sus pinturas. Sin embargo, su idea de preparación era muy flexible. Escribió sobre la importancia de no casarse con una primera idea y desarrollaba las que tenía mientras pintaba, de manera que el trabajo final podía acabar muy lejos de los primeros estudios. A los historiadores del arte les resulta difícil establecer en qué etapa su trabajo deja de ser preparatorio. También fue muy famoso por no «terminar» muchas de sus obras, lo que lo hace muy recomendable. Durante un proceso creativo, dejar pensamientos o ideas sin terminar tiene dos efectos. Invita a que otras personas los terminen. Al hacerlo, es bien probable que aporten algo en lo que no habías pensado y enriquezcan la idea en el proceso. Esto te quita presión, porque no tienes que asumir toda la responsabilidad, lo que a su vez te permite ser más fluido, más abierto y menos controlador.

Tracey Camilleri, una colega de Oxford, se describe a sí misma como «una persona de medias frases». Tracey te invita constantemente a añadir algo propio para completar sus ideas, lo que hace que colaborar creativamente con ella sea fácil.

Aceptar es vital para el clima creativo. Cuando las ideas son bloqueadas de manera habitual o rutinaria, esto aplasta a las personas que las proponen, así como a las ideas en sí. Aceptar hace que las cosas fluyan, y eso te lleva a alguna parte. Si no te gusta dónde estás, pero te mantienes en flujo, pronto llegarás a otro lugar. Por el contrario, el bloqueo te detiene donde estás. Desconecta a las personas de las ideas y puede generar confusión, e incluso conflicto.

Para ser justos, el bloqueo puede ser un comportamiento importante, pero no cuando estás tratando de generar nuevas ideas. Cobra sentido cuando estás intentando separar el grano de la paja o tratando de llegar a una conclusión. Pero no es el punto de partida.

La lección más sencilla de todo esto es que, si quieres ser más creativo, es más útil que te concentres en ponerte en marcha que preocuparte por hacerlo «bien».

4. Aceptar las restricciones

A los improvisadores les gusta ponerse las cosas difíciles. No solo prescinden de guion, sino que adoptan restricciones adicionales que parecen dificultar su tarea. El llamado juego de la «última letra, primera letra», por ejemplo. Se trata de una escena donde cada nueva línea de diálogo tiene que comenzar con la última letra de la última palabra pronunciada por el otro actor. Así, si digo: «Puedo oír el avión», lo que digas a continuación tendrá que empezar con una *n*, como: «No lo ves, te dije que vendrían».

Esto aporta cierta estructura con la que trabajar. Puede parecer un contrasentido, pero piensa en todo lo que la restricción te obliga a hacer. Para saber qué letra tendrás que usar, debes esperar a que la otra persona termine de hablar. Eso te impide planificar y te obliga a escuchar. Te aporta un punto de partida, lo que reduce la cantidad de opciones entre las que elegir. Esto crea un clima de cooperación y hace más fácil construir a partir de las ideas de los demás.

Aunque se usa en el escenario, y lo estoy aplicando aquí como ejemplo de algo que quiero explicar, este juego se puede llevar a cabo literalmente durante una conversación, en casa o en el trabajo, y cambiará cosas. Incluso unos pocos minutos pueden mejorar la calidad de la conversación que preceden. Hace que las personas reduzcan la velocidad, escuchen mejor e interrumpan menos.

Los improvisadores consideran que no es la ausencia total de restricciones, sino el aceptarlas, lo que estimula la creatividad. En las artes, a menudo son los materiales los que constriñen y limitan, ya sea arcilla, un lienzo o el sonido de un saxo. En su libro *A Beautiful Constraint*, Adam Morgan y Mark Barden analizan las restricciones como motor de innovación en los negocios. La imposición de una restricción estimula la creatividad porque proporciona algo que genera fricción. Hace muchos años, el compositor Sidney Sager me explicó que tenía que trabajar con las limitaciones del violín o del oboe. «Y si esas restricciones no existieran —dijo—, me tendría que inventar alguna».

La creatividad consiste en tomar decisiones, y cuando puedes ir en cualquier dirección, elegir es mucho más difícil. En los talleres, cuando las personas se quedan atascadas, no es porque no se les ocurra nada que decir o hacer. Es porque hay demasiadas cosas que podrían decir o hacer y tantas posibilidades de elección las paralizan.

Esto se vuelve aún más difícil cuando nos obsesionamos con tomar la decisión «correcta», con lo que generalmente nos referimos a la que nos hará quedar bien (es decir, como inteligentes o divertidos). Aceptar las restricciones supera estos prejuicios inútiles sobre si nuestra idea es buena o mala.

Al entender esto, ser creativo se vuelve más fácil. No huyas de las restricciones, aprende a usarlas de manera constructiva y búscalas. Vamos a intentarlo ahora. Me han invitado a dar una charla en un evento en Washington (sobre mi libro *Pausa*), frente a una audiencia pequeña pero influyente, y necesito ideas.

Bien, pensemos en un objeto cotidiano que tengamos a mano. Tomaré la taza de café que tengo aquí, sobre la mesa. Vamos a usarla como una restricción para obtener nuevas ideas. Vamos al cómo. Olvidemos nuestro problema por el momento y centrémonos en la taza de café.

Primero, enumeramos sus atributos y cualidades: cosas simples y obvias. Además, voy a introducir aquí otra útil limitación más: el tiempo. Aunque no me creas, tengo un minuto, no más, para enumerar todo lo que me venga a la mente sobre la taza de café.

Aquí va.

Blanca, redonda, gotea, cercos, sedimento, posos, contenedor, asa, todos los días, caliente, distracción, todos los días, sobras/posos, lisa, droga, cerámica, caliente, estrecha, barata, simple, redonda.

No importa que haya repetido algunas palabras, lo que importa es dejar que salgan rápidamente. Y ahora viene la parte creativa. Toma estas palabras y hazlas colisionar con tu problema.

Recuerda, el mío es obtener ideas para una charla importante. Me pregunto: «¿Cómo podría ser blanco? ¿Qué significaría que fuera blanco?». Tengo que dejar de ser literal, ignorar el hecho de que parezcan tonterías, aceptar la restricción y aplicarla a mi problema.

Esto toma apenas unos segundos. Comenzar con «blanco» desencadena una corriente de conciencia que se desarrolla así:

Blanco, ruido blanco, nieve, Erling Kagge, silencio (¿podría usar diseño de sonido, o silencio, para representar la pausa?), Walter White de Breaking Bad *(¿qué pasa con los videoclips o películas? ¿Pausa en la cultura popular?), hoja blanca de papel, hoja de papel en blanco, espacio en blanco (debería decir cosas que no he dicho antes, empezar de cero, ir más allá del libro en sí)…*

En pocos segundos, esto genera otra limitación creativa: no decir nada que ya haya dicho antes. Lo cual sería una disciplina muy potente con la que trabajar. También me aporta algunas ideas sobre la forma: usar el silencio deliberadamente, o tal vez conseguir que mi hijo Bruno, que es diseñador de sonido, trabaje conmigo en ello.

Vamos solo por la primera palabra de la lista, y tomó mucho más tiempo escribir esto que ponerlo en práctica (y eso que escribo bastante rápido). No me da respuestas, pero me ayuda a empezar y me da nuevos puntos de partida.

Así que, si buscas nuevas ideas, encuentra la manera de aceptar las limitaciones.

— Conecta o haz que choquen limitaciones de diferente tipo con tu problema. Usa lo que tengas a mano, desde una taza de café hasta tus hijos, o un plazo de entrega de dos horas.

— Las vistas panorámicas son menos fructíferas que combinar cosas que normalmente no van juntas. Pregúntate: «Si la mafia dirigiera nuestra empresa, ¿cómo actuaría?».

— En lugar de frenarte ante una limitación, intenta ir más allá planteándote: «Si tuviéramos que acortar el tiempo de entrega y el presupuesto para el proyecto a la mitad, ¿qué haríamos?».

— Echa mano de personas que no conocen o comparten las convenciones. Pregúntale al director de ventas sobre I+D o a la gente de I+D sobre un problema de ventas.

— Utiliza las limitaciones a tiempo. Si tienes una hora para proponer ideas, no planifiques un ejercicio que dure una hora. Haz seis ejercicios diferentes de diez minutos cada uno, o el mismo ejercicio de diez minutos seis veces.

Si logras hacer esto, no solo alimentarás tu proceso creativo, sino que tu forma de tomarte las limitaciones cambiará. En lugar de ser problemas, empezarás a verlas como ofertas, que es quizá la cosa más creativa que puedes hacer.

Los últimos dos años han sido de los más creativos de mi carrera. A raíz de la pandemia de 2020, todos mis proyectos fueron cancelados. Aceptar las restricciones de la tecnología me ayudó a crear dos proyectos diferentes y una forma completamente nueva de ganarme la vida. También hizo que mi huella de carbono se redujera radicalmente pues ya no tengo que viajar por trabajo.

Al principio me resistí a todo ello. Me tomó un tiempo dejar ir y considerar mis opciones. Una vez que lo hice, «Yellow» (que hoy en día representa mi principal ocupación) cobró vida. Me di cuenta de que la tecnología me permitía trabajar con personas de todo el mundo, durante largos períodos, en contraposición a las limitaciones de un programa físico que dura solo unas pocas horas o días.

También noté cierta fuerza de atracción en los vídeos que publiqué en LinkedIn. Inspirados por cómo usaba el profesor de yoga Lucas Rockwood los vídeos cortos, Gary y yo creamos The Everyday Improviser, un curso que te brinda la oportunidad de experimentar de manera lúdica las prácticas sobre las que estoy escribiendo aquí, en cinco sesiones cortas, repartidas durante una semana laboral.

Durante años me planteé la posibilidad de trabajar en línea, pero era escéptico. De la restricción surgió la posibilidad, pero solo una vez que decidí aceptarla.

La improvisación plantea que, si quieres convertirte en un individuo más creativo, necesitas ser menos un individuo, en el sentido de que toda creatividad es cocreatividad. Aunque se trata de una generalización, representa un útil contrapunto a la extendida creencia de que la creatividad depende de un talento especial innato que posees o no. Te libera de la carga que representa tener la responsabilidad exclusiva de tus propios poderes creativos y traslada el énfasis a cómo interactúas.

Comprender cómo actúan los improvisadores nos revela mucho sobre los factores que permiten a un grupo ser más creativo. Nos aporta un poco de la gramática de esa «nueva alfabetización» creativa que necesitamos. La improvisación sugiere que ser más juguetón, centrarse más en la acción y el flujo, y estar más dispuesto a aceptar las restricciones hará que nos volvamos mucho más creativos. Los grupos de improvisación nos muestran que, en las condiciones adecuadas, cualquiera puede hacer una contribución creativa. Y menos mal, dada la gran cantidad de contribuciones que necesitamos.

Steve Chapman — *No lo intentes*

Steve Chapman es un artista, orador y facilitador alternativo, creador del único podcast silencioso del mundo y de la conferencia Inexpert 2018.

Creo que el propósito de la experiencia humana es pintar tu imaginación en el mundo. Interpreto cada momento como una invitación, como una oferta. Creo que cada trabajo que realizo comienza en ese momento en el que me pregunto: «¿Qué oferta me hacen aquí, con qué me invitan a jugar?».

En 2018, por ejemplo, vi algo en Twitter sobre un *podcast* de aficionados al liderazgo y pensé: «¿Por qué todos tienen un *podcast* cuando no tienen nada que decir?». Salí a correr y me pregunté cómo sería hacer lo contrario a lo que ellos hacían. Me di cuenta de que no sería nada, una pausa descargable, contenido digital vacío. ¿Y si tuviera invitados especiales con los que solo sentarme y la gente se descarga ese silencio? «Sí, y...» y el universo están ahí mismo.

Dos años y medio después llegué a los cien episodios de *The Sound of Silence*, el primer *podcast* mudo del mundo, con invitados como Eddie Izzard y Terry Waite. Comenzó con frustración. Cuando las cosas van bien, o mal, lo único que me pregunto es: «¿Qué oferta hay aquí?».

Normalmente el mundo no funciona así, de manera que me pongo trampas. Uno de mis mantras es «comienza antes de estar listo». Cuando volví a casa después de correr, registré el dominio «Sound of Silence» y lo anuncié sin tener la idea totalmente clara. Hasta los once años estuve metido en todo esto, sin saberlo. Y luego se me olvidó todo. De los once a los treinta —«los años salvajes», me gusta llamarlos— permanecí insensible a todas estas invitaciones creativas. «Esto no es lo que hacen los adultos, debería dejarlo de lado», pensaba.

Las semillas de la vergüenza se siembran temprano en la vida. Podemos estar jugando, inmersos en cosas y, de repente, sucede algo que nos saca de eso y nos reprenden, nos dicen que está mal. Aprendemos que, si queremos convertirnos en adultos funcionales, no debemos confiar en esa espontaneidad.

Necesitamos dejar ir esa ilusión de certeza y control que nos proporciona pensar de manera convencional, que es una ilusión, no es real. Esto puede resultar bastante difícil.

Creo que, de manera accidental (o tal vez sutilmente intencional), perdemos la sensibilidad hacia lo que es un ser humano creativo. Puede que a la autoridad no le convenga que seamos todos capaces de liberar ese yo creativo, subversivo y artístico, y de expresarnos de maneras poderosas.

Cuando dejé el mundo corporativo, recuerdo que todo mi cuerpo decía: «Bien, es hora de irme», y mi cabeza decía: «No, no, no, no seas estúpido». Afirmar que es una sensación física sería demasiado simplista; es una llamada instintiva, un presentimiento absoluto, es aprender a confiar en la espontaneidad.

Para mí, es volver, de verdad, a esa intuición de niño (no infantil). No es impulsivo. No cruzo repentinamente la calle con los ojos cerrados, porque eso, de manera intuitiva, no parece lo correcto. No se trata de hacer arte o lograr un buen invento. Todos estamos constantemente improvisando y adaptándonos. La creatividad es ese baile y esa adaptación constante a las cosas como son.

La mayor parte de lo que hacemos para desbloquearnos nos atasca todavía más, porque proviene de esa misma filosofía. No intentes ser bueno, simplemente relájate y deja ir. No lo fuerces en absoluto. Simplemente permanece abierto a las invitaciones que ya están ahí.

— *somethingsidid.com* | *canscorpionssmoke.com*

5
Liderazgo

Si un extraterrestre aterrizara en medio de un espectáculo de improvisación y dijera: «Llévame con tu líder», los actores se quedarían atascados. Incluso aunque fueran tan buenos como para lidiar con la aparición de pequeños hombres verdes en el escenario hablando inglés y soltando clichés, tener que identificar a un líder los dejaría anonadados.

En la improvisación no se designan líderes. No hay comandante, CEO o presidente. No hay mandamases, macho alfa, gran jefe o padrino. Entonces, ¿qué puede contarnos la improvisación sobre el liderazgo?

Como te puedes imaginar, la respuesta que voy a sugerir es «mucho». La razón es que no hacen falta líderes para que haya liderazgo. Un cargo formal en la jerarquía, con un despacho especial, un coche ostentoso y un gran título, no garantiza nada. Es posible que hayas trabajado para alguien que ostenta un cargo (y los adornos que lo acompañan), pero que no muestra capacidad de liderazgo. Como dice el profesor Kurt April de la Universidad de Ciudad del Cabo: «He conocido a muchos directores ejecutivos que no seguiría a ningún lado. Y muchas personas en el taller por las que daría mi vida». Lo que nos interesa aquí es el liderazgo. Esa habilidad esquiva, venga de donde venga y la muestre quien la muestre, para inspirar y mover a las personas a hacer cosas que por sí mismas no estarían dispuestas o no serían capaces de hacer. Entendido de esta manera, el liderazgo no solo aplica al trabajo, sino a la familia, a grupos de amigos o a cualquier otro colectivo de seres humanos que se unen para hacer algo.

Los improvisadores muestran esta habilidad de forma habitual. Trabajan bajo presión. Están expuestos y son muy visibles. Tienen que hacer frente a la incertidumbre y a los cambios rápidos e impredecibles. Tienen que interactuar y conectar con las ideas de otras personas. Saben cómo crear un clima en el que estas se involucren y se sientan apreciadas. Todos estos son comportamientos vinculados con el liderazgo, y los improvisadores son buenos en ellos.

En este capítulo nos vamos a centrar precisamente en el comportamiento vinculado con el liderazgo. Veremos qué podemos aprender de los improvisadores para desarrollar nuestras propias capacidades de liderazgo en las organizaciones o en el día a día.

No se trata solo de trabajo. La crianza de los hijos es la forma original de liderazgo y, para muchos de nosotros, también es el ámbito en el que cada día ponemos a trabajar, y también a prueba, nuestras habilidades de liderazgo. El liderazgo más importante que ejerzas en tu vida puede no tener nada que ver con tu trabajo.

Cualquiera puede liderar

Tal y como pudo constatar nuestro hombrecito verde, en el escenario de improvisación no hay ni un solo líder. Esto es lo primero que podemos aprender de los improvisadores: que el liderazgo es algo que todos pueden hacer, sea cual sea su posición. No hace falta esperar a un ascenso; puedes empezar ahora. Así es en el escenario. No hay nadie a cargo y los personajes que interpretan los actores emergen de la acción misma. Todos deben participar activamente para que las ideas lleguen de todas las direcciones; ninguna perspectiva individual es suficiente. El éxito del conjunto depende de poder conectar esas diferentes contribuciones de manera coherente. En el lugar donde se realiza el trabajo, todas las personas involucradas son responsables de crear las condiciones necesarias para ello; nadie puede hacerlo solo.

Los improvisadores entienden el liderazgo como algo fluido. Diferentes personas tienen que ser capaces de liderar en diferentes momentos, según lo exija la situación. Todo el mundo ha de estar dispuesto a dar un paso adelante, o un paso atrás, según lo requieran las circunstancias. Esto significa prestar mucha atención y ser muy sensible a lo que se necesita. También significa estar dispuesto a olvidarte de tus propios planes y tu ego. Además de tener la oportunidad de liderar, todos tienen la obligación de hacerlo, cuando sea necesario, si el grupo quiere desarrollar su potencial.

Esto no ocurre únicamente en el escenario. Una vez un exsoldado participó en uno de mis talleres. Comentó con humor seco que en combate «la persona que lidera es la persona que mejor ve». El famoso Sistema de Producción de Toyota, donde cualquier trabajador puede detener la línea de producción, se basa en la misma idea. Cada individuo, en cualquier nivel, tiene la oportunidad de liderar y el poder de ejercer ese liderazgo. La persona que ve mejor, lidera.

Esto, que representa una ventaja en la fabricación, en un negocio basado en los servicios o el conocimiento se vuelve vital. Disponemos de mucha más información de la que podemos absorber, así que hemos de ser capaces de aprovechar muchos puntos de vista. Si el liderazgo se concentra en un individuo, o incluso en unos pocos, uno se vuelve vulnerable.

Hay otro ejemplo militar que ilustra esto de manera sorprendente. Pocos días después de los desembarcos del Día D, en junio de 1944, los oficiales estadounidenses llevaban los cascos con la parte de atrás hacia adelante. No se trataba de bravuconería, sino de ocultar las líneas blancas de los cascos de los oficiales. Las fuerzas alemanas habían aprendido rápidamente que sin oficiales las tropas estadounidenses no sabían qué hacer, por lo que dieron órdenes de atacar a los oficiales, entre los que, como resultado, hubo muchas bajas.

Los oficiales estadounidenses se dieron cuenta de lo que estaba sucediendo y comenzaron a ponerse los cascos al revés, de manera que las rayas blancas fueran menos visibles. Esto demuestra que la concentración de liderazgo en unos pocos nodos críticos (los oficiales) hizo que el sistema en su conjunto fuera más vulnerable a los choques. Dar la vuelta a sus cascos era algo lógico, pero lo que los estadounidenses realmente necesitaban era desarrollar un liderazgo más distribuido.

Esto es todo un reto. La idea resulta decepcionante o amenazante para todo aquel que, hombrecito verde o no, crea que el liderazgo debería ser monopolio de un selecto grupo. La figura del líder heroico es una idea poderosa y extendida que ha adquirido el estatus de mito. Conviene a los aspirantes a héroes porque los hace sentir importantes. Conviene al resto de nosotros porque nos permite eludir la responsabilidad. Aquí hay bastante de lo que dejar ir.

Ver el liderazgo a través de los ojos de un improvisador hace que surjan algunas preguntas incómodas. La falta de liderazgo nos obliga a mirarnos a nosotros mismos y hacer algo al respecto, en lugar de lamentar las carencias de los demás. Debes preguntarte cuál es tu contribución y cómo podrías mostrar más liderazgo tú mismo.

Esto no quiere decir que los roles no importen, o que algunas personas no tengan más responsabilidad que otras, en virtud de su posición o experiencia. Lo que sí significa es que nadie tiene el monopolio del liderazgo y que cada uno de nosotros puede marcar la diferencia. Como dijo el presidente de Estados Unidos Theodore Roosevelt: «Haz lo que puedas, con lo que tienes, allá donde estés».

El liderazgo como práctica

No se puede aprender a improvisar con un libro más de lo que se puede aprender a nadar en una biblioteca (por eso pongo tanto énfasis en la práctica). La improvisación es una habilidad que se encarna. Se basa en toda la persona. La sensación física, el espacio, la posición y los gestos son importantes, así como la razón, la emoción y la intuición. Esto significa que se ha de desarrollar a través de la experiencia y la experimentación.

El liderazgo es también un esfuerzo práctico. Un enfoque académico o puramente intelectual es demasiado limitado. No te ayudará a motivar a las personas ni a manejar la incertidumbre. Leer sobre ello es diferente a ponerlo en práctica, y líderes con impresionantes trayectorias pueden resultar decepcionantes cuando los oyes hablar. Es posible que sepan hacerlo, pero no necesariamente explicarlo.

Esto significa que, si buscas desarrollar tu capacidad de liderazgo, deberías enfocarte en tu propia experiencia. Toma ideas de líderes (grandes y pequeños) y de libros (incluido este), claro que sí, pero asegúrate de ponerlas en práctica por ti mismo, en tu propio contexto, y observa cómo se desarrollan. Solo tú puedes descubrir cómo funcionan para ti. Debes apoyarte en la experiencia, no rehuirla.

Esto puede resultar desconocido e incómodo. En nuestra cultura, la gente habla mucho sobre cometer errores, pero, en general, los errores no se aplauden. Estamos entrenados para evitar correr riesgos y se nos recompensa por ello. Hollywood es un gran ejemplo de esta ambivalencia: aunque afirma estar totalmente basado en la creatividad, es profundamente conservador. Hay un dicho que resume esta actitud: «Todo el mundo quiere ser el primero en hacer algo por segunda vez». Tales actitudes están muy extendidas.

Los improvisadores, por el contrario, son más valientes y filosóficos. Aceptan que la incomodidad es parte de lo que hacen y lo aceptan con gracia, en lugar de ignorarlo, desear que desaparezca o luchar contra ello. Una vez pregunté a un artista cómo gestionaba el estar tan expuesto, y me dijo: «Aprendes a sentirte cómodo sintiéndote incómodo». Un improvisador experto no es alguien que no se pone nervioso, sino alguien que no deja que los nervios lo paralicen.

Haríamos bien en desarrollar esa misma capacidad en relación a nuestra manera de liderar. En lugar de buscar respuestas o paralizarnos por el miedo a cometer errores, debemos aceptar que la incomodidad es un gaje del oficio y aprender a sentirnos cómodos sintiéndonos incómodos.

La práctica es en sí una idea que reconforta. Frente a un conjunto infinito e impredecible de posibilidades, los improvisadores no planifican ni teorizan. Practican. A través de la experiencia y la experimentación, en el escenario y en talleres, desarrollan una serie de comportamientos que estimulan, definen y canalizan cómo responden.

Pensar en el liderazgo en términos de práctica es un regalo. Pero mientras que *práctica* es un sustantivo, *practica* es un verbo, y lleva incorporada la noción de actividad sostenida e interminable. Una práctica es algo que haces y continuas haciendo. Por muy bueno que llegues a ser, sigues haciéndolo. Así, la noción de práctica cultiva la persistencia.

La naturaleza infinita de esta noción significa que, si te lo tomas en serio, la idea de practicar te puede llevar lejos. Sin embargo, también es realista: al aceptar que necesitas practicar, reconoces que no tienes las respuestas. Te libera de la insidiosa idea de que tienes que ser perfecto. Sea cual sea tu nivel, continúas practicando. Lo que significa que no te desanimas con los contratiempos. Mantener una práctica hace que sea mucho más fácil actuar en medio de la dificultad. Puedes confundirte, pero no descarrilas.

Esto te permite ser más compasivo, sobre todo contigo mismo. El énfasis pasa de intentar evitar errores a aprender de ellos. En lugar de «¿Es correcto?», comienzas a preguntarte: «¿Ayuda?». Interpretar el liderazgo como una práctica también comienza a erosionar el inútil concepto de que es una habilidad innata. Si lo fuera, no podrías practicarlo.

Entonces, ¿en qué consiste entrenar el liderazgo? Imagina que estás perdido o atascado y la gente espera de ti que les muestres el camino. No sabes si seguir o retroceder (ya sea literal o metafóricamente). Hay muchas dudas e incertidumbre. La presión aumenta y tienes que actuar. En tales circunstancias, existe el riesgo de que acabes aferrándote a las respuestas de siempre, como la culpa o la negación. La mayoría de las veces nos limitamos a trabajar más, como si un mayor esfuerzo fuera la respuesta ante cualquier situación. Estas respuestas emergen con demasiada facilidad, especialmente cuando estamos estresados.

En estas circunstancias, esta práctica puede funcionar como guía. Puedes plantearte una o varias de las tres preguntas básicas (o alguna variación de las mismas). Ya las conoces:

1. **¿Cómo puedo notar más las cosas?** (Esto hará que vayas más despacio, te ayudará a ver cosas o personas que has pasado por alto, te animará a apoyarte en tus sentidos y te ayudará a estar presente, etcétera.)

2. **¿Qué puedo dejar ir?** (Esto te alentará a fijarte en suposiciones, expectativas, reglas invisibles o planes personales, y cuestionarlos.)

3. **¿Qué más puedo usar?** (Esto te permitirá replantear problemas y encontrar nuevos recursos.)

Estas preguntas le dan a tu mente un lugar hacia el que dirigirse, en vez de dar vueltas sobre sí misma, especialmente cuando estás bajo presión o la gente te busca para que los orientes. Te centra y te calma. Te sugiere cómo podrías enfocar tu atención de manera útil. No tienes por qué hacer solo eso, pero, independientemente de cualquier otra idea o teoría con la que elijas jugar, inmediatamente tienes algo con lo que actuar. Es un punto de partida obvio cuando estás atascado o bloqueado.

La práctica sirve de brújula para lidiar con la inevitable incomodidad. No hará que la dificultad desaparezca, pero te puede ayudar a encontrar tu camino a través de ella.

Imagina, por ejemplo, que tienes que dar el resultado de una mala evaluación de su trabajo a alguien. Enfrentada a esta dificultad, una líder con la que trabajamos se centró en notar más. En lugar de plantearse cómo comunicar las malas noticias, decidió esforzarse en prestar mucha atención a la otra persona. Al hacerlo, descubrió que la persona cuyo trabajo estaba analizando a menudo planteaba ella misma el problema, lo cual les facilitó las cosas a ambas.

La práctica puede guiarte cuando no sabes qué hacer (algo que sucede con más frecuencia de la que los propios líderes quieren admitir). Cuando el comandante Mike Abrashoff se hizo cargo del *USS Benfold*, este era un buque de guerra con la moral y el rendimiento en su nivel más bajo. Algunas partes del barco eran zonas «prohibidas» para los oficiales.

Comenzó a hablar con todos los miembros de la tripulación. No tenía ni idea de qué sacaría de todo eso, pero pensó que le aportaría algo con lo que trabajar. Tenía razón. Invitó a los miembros de la tripulación a que le hablaran de las cosas que les frustraban. Descubrió que había muchos cambios (en la comida, el uso de armas pequeñas o pintar el barco) que podía implementar de inmediato. Esto hizo de la misión algo más que una campaña de relaciones públicas. Los cambios que emprendió mostraron que no solo estaba hablando con ellos, sino que también los estaba escuchando. No hay nada más motivador que comprobar que tus palabras provocan un cambio, y a medida que la voz se corrió por el barco, se escucharon e implementaron más y más ideas.

«Que lo que escuchas te transforme» es una directriz que los directores de improvisación dan a sus actores. Es mucho más efectivo que intentar escuchar «mejor». Si quieres demostrar que has escuchado, lo tienes que hacer, de lo contrario, no sabrás cómo reaccionar. Si cambias visiblemente, los demás no tendrán ninguna duda de que has escuchado. Es por ello que cuando Abrashoff aplicó esta simple práctica, el impacto en el barco fue tan importante.

Notar más significa también prestar atención a las «señales débiles». En el escenario de improvisación, un pequeño detalle a menudo se convierte en la historia principal. Para que esto suceda, los actores tienen que notarlo, actuar en consecuencia y estar dispuestos a dejar que la historia se desarrolle de una manera muy diferente a lo que habían anticipado.

En los negocios, las nuevas ideas y desarrollos, ya sean amenazas u oportunidades, a menudo aparecen desde la periferia. De repente surge un nuevo competidor en un sector completamente diferente o un desarrollo tecnológico a pequeña escala resulta tener el potencial de transformar nuestro negocio. Desarrollar la capacidad de percibir estas «señales débiles» es un fantástico comportamiento de liderazgo. Asegúrate de prestar atención a las personas e ideas que están fuera de la corriente principal, en departamentos o funciones olvidados o menospreciados. ¿Percibes las respuestas de las personas más tranquilas de tu organización, que a menudo ven más de lo que dicen? Percibir las «señales débiles» en la periferia nos puede alertar sobre amenazas en ciernes y ayudarnos a encontrar nuevas oportunidades.

Hace poco me preguntaron cuál de los tres ejercicios es más importante para los líderes. Aunque siempre va a depender de los detalles, en general, diría que notar más es particularmente importante. Prestar atención a las personas que estás liderando es un acto de generosidad.

Cuando prestas la debida atención a alguien, das algo de ti mismo. «Dedicas» literalmente tu atención a los demás. La gente lo siente, y esto propicia que te sigan.

Una señal de gran líder es que, por muy importante que sea, seguirá prestando atención a los demás. Tiene «presencia». Hace que las personas a las que lidera se sientan vistas y escuchadas. Maestros como Mandela elevan esto al nivel de genialidad. En una época en la que la tecnología nos engatusa y nos lleva a un estado de «atención parcial continua», esforzarse por estar más presente es una de las cosas más importantes que podemos hacer. No te desanimes por el hecho de que suene aburrido.

No más héroes

Los líderes se enfrentan a desafíos para los cuales no hay respuestas preestablecidas. O, en otras palabras, si ya sabes la respuesta, aunque sea algo importante, lo que estás haciendo no es liderazgo. Por ello, los líderes necesitan nuevas ideas. Otras personas ven cosas que tú no ves y tienen ideas que tú no tienes, por lo tanto, necesitas que contribuyan.

Usar las ideas de otras personas requiere humildad. Pero un líder que está dispuesto a hacerlo y es capaz de tomar ideas de cualquier parte se fortalece, no se debilita.

A veces no hace falta mucho. El liderazgo a menudo consiste en conectar lo que ya está a mano. No hay que ser perfecto, ni saberlo todo. Ni siquiera hay que ser la persona más inteligente de la sala, solo hace falta estar dispuesto a usar lo que aparece.

Lo vemos en los juegos de narración de historias donde, a menudo, todo lo que se necesita para dar sentido al conjunto es que alguien agregue un simple «y» o «porque». Como dijo un participante: «A veces todo lo que necesitas es una conjunción». Tener la humildad para hacer una contribución modesta demuestra que estás sirviendo a la historia (o cualquiera que sea el esfuerzo colectivo), no a ti mismo. Los improvisadores valoran mucho el «tejido conectivo», y este es otro de sus consejos que vale la pena seguir. Encontrar oportunidades para conectar ideas y personas es una pauta maravillosamente simple, pero extremadamente poderosa en el comportamiento de un líder. Puede que no te haga destacar ni tampoco impresionar a los demás, pero eso es algo bueno.

Al servir a la historia, en lugar de a ti mismo, generas confianza. El psicólogo y *coach* ejecutivo Jon Stokes dice que cuanto más egocéntrico eres, menos confía la gente en ti. Que te vean como alguien que sirve a la historia no solo es noble, sino también una buena estrategia de liderazgo. Como resultado, la gente confiará más en ti. Como facilitador, necesito que la gente confíe en mí. Sobre todo porque los invito a hacer cosas inusuales. Trabajar en este contexto me ha enseñado que, en tanto que líder, se pueden hacer muchas cosas físicamente, más que hablando.

Una vez tuve un pequeño grupo en Oxford que se resistía a compartir cualquier cosa de significado. Un día coloqué las sillas en parejas, una frente a la otra e incómodamente cerca, para que la gente casi se tocara las rodillas al sentarse. Cuando entraron, nadie se sentó. Luego tuvimos una conversación sobre por qué había sucedido. Hizo que hablaran de cómo se sentían, exactamente lo que yo buscaba. Usé la habitación para que hiciera el trabajo por mí.

A veces respondes físicamente a las cosas a medida que surgen. Recuerdo un caso en que un juego salió «mal» porque uno de los participantes olvidó las instrucciones. Estaba a punto de intervenir y corregirla cuando, picado por la curiosidad, decidí simplemente recostarme contra la pared, relajarme y sonreír. Todo lo que tenía que hacer era mostrarme «feliz y contento» con ello, y el grupo lo estaría también. Encontraron una forma diferente de hacer que el juego funcionara sin que yo interviniera, y la experiencia alimentó una conversación breve que fue mucho más rica a causa de lo que había salido mal. En esto consiste dar margen de maniobra.

Trabajar con la incertidumbre

Hace muchos años conocí a Gene Kranz, el controlador de vuelo del Apolo 13 (interpretado por Ed Harris en la película). A mitad del viaje a la Luna, hubo una explosión de algún tipo a bordo de la nave espacial. A pesar de no tener ni idea de la causa, ni de la magnitud del daño, Kranz y su equipo en Houston tuvieron que tomar una serie de decisiones críticas con todos los ojos del mundo puestos en ellos.

Kranz habló sobre qué hacer en plena incertidumbre. «Tienes que actuar sin tener todos los datos disponibles —dijo—. Si esperas, nunca los obtendrás, porque perderás la nave espacial.» Ante la incertidumbre, debes actuar. Esto requiere coraje y, como explicó Kranz, confiar en datos débiles o difusos, lo que conocemos también como intuición.

Los improvisadores se vuelven expertos en actuar «antes de tener todos los datos». Se centran en ponerse en marcha, en lugar de hacerlo bien. En una situación para la que no tienes respuesta, lo anterior cobra mucho sentido. Una vez que te pones en marcha, recibes retroalimentación. Seguidamente, puedes ajustar o realizar cambios en consonancia. Si no intentas nada no serás más sabio. El impulso también es motivador.

Centrarte en arrancar no significa que te de igual a dónde vas. Como dice un amigo mío: «Aunque actúes sin pensar, vas en una dirección». En este sentido, mi metáfora favorita es la de un barco. En el agua, a no ser que avances, siempre estás a merced del viento y la marea. Ponte en marcha y conseguirás timonear.

Sin embargo, cuando me oyen decir esto en los talleres, la gente a menudo protesta. «¿Cómo puedo empezar sin saber que está pasando?», preguntan. Es un hábito profundamente arraigado. Sin embargo, el liderazgo siempre conlleva incógnitas. El error es asumir que sin saber todo no se puede actuar.

Nunca lo sabrás todo, así que, siguiendo esa lógica, nunca actuarías. Necesitas renunciar a la idea de que estás, o necesitas estar, en completo dominio de todo. Intentar estarlo te estresa o te paraliza. El territorio del liderazgo es lo desconocido.

Si prestas atención, siempre tendrás algo con lo que continuar. La emoción y el sentimiento también son datos, aunque de un tipo diferente, por debajo del umbral del pensamiento racional consciente.

A través de la práctica, los improvisadores desarrollan un sentido y sentimiento que les permite aceptar una determinada oferta para comenzar a moverse. Aprender a leer patrones sutiles, incluidos los propios sentimientos y respuestas, es una habilidad que se puede desarrollar. Los improvisadores lo hacen todo el tiempo, al igual que muchos líderes empresariales de alto nivel, que usan la intuición más de lo que creemos. Sir John Templeton, por ejemplo, financiero y fundador del Templeton College, Oxford, a menudo tomaba importantes decisiones de inversión basadas en el sentimiento, no en las razones.

Aquí hay mucho que practicar. Tenemos que desprendernos de nuestro apego a la certeza, particularmente en forma de conocimiento racional consciente. Olvidémonos de la idea de que algo es «a prueba de futuro»; de lo único de lo que podemos estar seguros en relación al futuro es de que nos sorprenderá. Necesitamos entender y aceptar que la información válida aparece de muchas maneras —como el sentido o la intuición—, no solo en los datos numéricos. Necesitamos desarrollar nuestra sensibilidad o capacidad para leer estas señales difusas, y necesitamos estar dispuestos a actuar en función de ellas, notar lo que sucede y ajustarnos o cambiar en consonancia. Esto debería ser trabajo suficiente.

Creando el clima

En la naturaleza, todo desecho es comida. No existe cosa que no sea útil para otro ser vivo. No hay más que preguntarle al escarabajo pelotero. Eso sí que es un truco maravilloso. En improvisación, esta elegante verdad ecológica se traduce en que todo es una oferta.

Aplica esta idea al campo del liderazgo e inmediatamente crearás un clima diferente. Crear el clima o las condiciones es gran parte del trabajo de un líder. Es una forma increíblemente constructiva de replantear problemas, errores y fallos. Sea lo que sea, no es un problema, es una oferta. Concentrarse en buscar ofertas es contagioso.

Los buenos líderes lo hacen instintivamente. Cuando, desanimado, el capataz de Thomas Edison informó a su jefe de que habían probado sin éxito mil materiales diferentes para el filamento de una bombilla, Edison respondió que eso no era un fracaso: ahora conocían mil materiales que no funcionaban y podían usar este conocimiento para encontrar uno que sí lo hiciera. Edison no tenía la respuesta, lo que poseía era una manera de motivar a su gente a seguir buscándola (hasta que finalmente la encontraron). Los improvisadores recurren a un ejercicio físico que ayuda con esto y que llaman estar «en forma y bien» (en lugar de «enfermo y débil»). Significa estar físicamente equilibrado, abierto, conectado a tierra y relajado frente a la dificultad y la incertidumbre. Es la práctica de ver todo como una invitación concreta y es empoderadora. Puedes comenzar con tu cuerpo. Adopta esta actitud física y te volverás más capaz de lidiar con la dificultad.

Ingvar Kamprad (el de las plumas de pollo) es otro al que esto le pasa de manera natural. Un gerente de IKEA me contó la historia de cuando encargaron demasiados armarios. Diez mil más de la cuenta. Todos se ponían nervioso al pensar en decírselo a Kamprad, pero cuando lo hicieron, le encantó. En lugar de buscar un culpable, lo que hizo fue implicarse inmediatamente en qué hacer con diez mil armarios. Esta actitud parece haberse contagiado por todo IKEA, cuya disposición a ver todo como una oferta ha hecho que acaben vendiendo portaequipajes de cartón o abriendo su almacén a los clientes. Permitir que las personas vean los errores, los problemas y los fallos como ofertas es una pauta constructiva de comportamiento que crea un clima positivo.

Como era de esperar, esta práctica «clave» es de enorme valor en el campo del liderazgo. Para un líder, es también una forma brillante de trabajar con las objeciones de la gente. De una u otra manera, el liderazgo implica algún tipo de cambio ante el que siempre habrá objeciones. Normalmente, estas son vistas como obstáculos o barreras, y es fácil ponerse en contra de las personas que las emiten. Se puede llegar a convertir en algo personal.

Es mucho más productivo tomarse también las objeciones como ofertas. Un innovador de éxito de una empresa grande y muy conservadora contaba que cada vez que alguien le decía que no (lo que ocurría, y con frecuencia), simplemente interpretaba que necesitaba más información.

Alfred Sloan, el CEO de General Motors en su punto álgido, buscaba los desacuerdos. Suspendía reuniones de la junta «para generar algún desacuerdo constructivo» si creía que todos habían estado de acuerdo con demasiada facilidad. Le preocupaba que la gente solo le dijera lo que pensaban que quería escuchar y era lo suficientemente sabio como para saber que las opiniones contrarias eran vitales para la salud de la organización, por lo que las alentaba.

Dicen que la calidad de una organización se percibe en la velocidad con la que las malas noticias viajan hacia arriba. Si interpretas las objeciones u opiniones opuestas como ofertas, la calidad de tu organización puede mejorar de un plumazo, pues se crea un clima de confianza en el que las personas comparten información de todo tipo, en lugar de tratar de adivinar qué es lo que el líder quiere escuchar. El hacerlo te permite comprender otros puntos de vista, mostrar lagunas en tu conocimiento o simplemente entender cómo reaccionan las personas.

Estar dispuesto a interpretar las objeciones como ofertas es una forma de generar «disidencia constructiva» en lugar de «consentimiento destructivo», que prevalece cuando no estamos dispuestos a hablar en contra de quienes están en posiciones de poder.

Estatus

Cuando interactuamos, ajustamos nuestra posición de manera constante respecto al otro. Es algo que sucede todo el tiempo y es independiente de nuestra posición oficial (que es fija). Un niño puede consolar a un padre. Un duque puede pedir consejo a su mayordomo. Los improvisadores llaman a esta posición flexible «estatus». En este sentido, nuestro estatus depende de nuestro comportamiento en cada momento. Puede ir hacia arriba o hacia abajo muy rápidamente.

Comprender esto ayuda a los improvisadores a crear escenas creíbles y atractivas. Este constante flujo y reflujo de estatus es parte natural de la interacción humana.

Para cualquier persona interesada en el liderazgo, entender que el estatus es flexible e independiente de la posición representa una profunda fuente de conocimiento. Deja al descubierto una de las dinámicas fundamentales de las relaciones y nos abre a una dimensión completamente nueva en la que trabajar. Cualquiera que sea nuestra posición, podemos jugar alto o bajo, según lo exijan las circunstancias, y cambiar instantáneamente. Esto nos permite ser sensibles y flexibles, modular nuestro comportamiento, actuar de acuerdo con el contexto, en lugar de que nuestro papel oficial dictamine cómo debemos actuar.

El mero hecho de entender que el estatus siempre juega un papel ya tiene un valor en sí mismo. Te ayudará a ver cuándo confundes estatus con posición. Y podemos ir más allá. Los improvisadores pueden decirte qué hacer para mover tu estatus hacia arriba o hacia abajo, y cuáles son los beneficios de hacerlo.

Para ir hacia arriba o elevar tu estatus, puedes:

— **Ser concluyente** («Aquí hay dos puntos importantes...»)

— **Invocar autoridad** («He leído en el *Financial Times*...»)

— **Recurrir a una experiencia exclusiva** («Cuando empezamos este negocio...»)

Hay ciertas señales físicas que elevan el estatus automáticamente: hablar en un tono uniforme y comedido, sacar pecho y, por curioso que parezca, mantener la cabeza quieta mientras hablas (si no me crees, ¡pruébalo!). Esta no es una lista completa, pero entiendes la idea.

Para ir hacia abajo o rebajar tu estatus, puedes:

— **Ser autocrítico** («Apenas sé un poco sobre esto.»)

— **Expresar dudas o incertidumbre** («No estoy seguro de lo que esto significa.»)

— **Elevar a los demás** («Jane es la que realmente entiende Nigeria.»)

Físicamente, rebajas tu estatus moviéndote o mostrándote inquieto, haciendo fluctuar la velocidad y el tono con el que hablas, o colocándote en una posición inferior a otra persona (por ejemplo, sentándote en una silla más baja). De nuevo, hay más, pero esto resume la esencia.

Normalmente, las personas damos por hecho que un líder tiene que jugar un estatus alto. Es un error. Piénsalo. ¿Qué piensas de las personas que siempre actúan como si lo supieran todo, que son siempre tajantes y decididas? ¿Se ganan tu favor? ¿Confías en ellas? ¿Les darías de buena gana tus ideas y energía? En resumen, ¿las seguirías?

Es irónico, si pensamos que muchas personas consideran que ser inexpugnable, saberlo todo y tratar de ser perfecto son requisitos para ser líder.

De hecho, interpretar un «estatus alto» por la vida tiene muchas desventajas; simplemente tendemos a ignorar a quien lo hace. Un estatus alto nos aleja de las personas. Es exclusivo, en sentido negativo. No es atractivo, ni anima a la gente a tomar la iniciativa. Puede ser intimidante. Por muy impresionantes que parezcan, las personas que asumen de manera incansable un estatus alto acaban pagando un precio por esa inflexibilidad.

Por el contrario, el estatus bajo, que podríamos interpretar como una posición débil, tiene ventajas que también tendemos a pasar por alto. Rompe barreras, genera empatía, desactiva la tensión y puede resultar encantador. Es inclusivo, no exclusivo. En una era en la que la colaboración y la creatividad son cada vez más importantes, de una complejidad que acarrea cada vez más incógnitas y cambios más rápidos, estas son cualidades importantes que un líder debe cultivar. No cabe duda de que un estatus bajo en exceso puede dar sensación de debilidad, pero su ausencia total en verdad te hace más vulnerable, no menos.

Por lo tanto, la manera de entender el estatus de la que hace gala el improvisador nos aporta dos lecciones extremadamente útiles para la práctica del liderazgo. Primero, identificar que hay un elemento dinámico en cómo nos posicionamos respecto a otras personas nos abre una dimensión completamente nueva con la que trabajar. Nuestra posición no tiene por qué apresarnos. En ocasiones, la gente joven puede jugar un estatus alto y las personas mayores uno bajo con buenos resultados. En segundo lugar, nos ofrece un abanico de posibilidades que podemos aprender a utilizar con habilidad y sensibilidad, según las circunstancias concretas. Tanto el estatus alto como el bajo tienen ventajas y desventajas. Si lo entiendes, sea cual sea la posición formal que ocupes, podrás practicar el elevar o rebajar tu estatus según lo que sientas que hace falta en cada momento. Esto te invita a experimentar con el estatus, en lugar de sentir que te ata. Te permite actuar de diferentes maneras y ver qué sucede. Lo que, a su vez, te ayuda a no tomarte las cosas (ni a ti mismo) demasiado en serio.

Más allá del guion

La flexibilidad y la capacidad de adaptación son absolutamente cruciales para el trabajo de liderazgo. Ronald Heifetz, profesor de Harvard y uno de los pensadores sobre el liderazgo más respetados del mundo, dice: «El liderazgo es un arte de improvisación. Puede guiarse por una visión general, valores claros y un plan estratégico, pero lo que realmente haces en cada momento no se puede recoger en un guion».

Los improvisadores tienen mucho que ofrecernos en relación a lo que hacemos realmente en cada momento. Nos muestran que el liderazgo no es un terreno exclusivo de las élites, sino una práctica sostenida en la que todos podemos participar. Nos ofrecen algunas ideas simples, como escuchar e interpretar las cosas como ofertas, lo cual puede no resultar impresionante, pero constituyen el núcleo del liderazgo. También nos invitan, a través de la comprensión del estatus, a desarrollar una forma más sofisticada y flexible de relacionarnos con las personas que estamos tratando de liderar. Esto representa un tremendo alivio. El trabajo que debemos emprender para desarrollar nuestro liderazgo es realmente muy simple. No tenemos que saber las respuestas y no hace falta ser un héroe.

Hugh Derrick — *El líder no es el experto*

Hugh es socio de una desafiante consultora de marcas, eatbigfish.

Gran parte de nuestro trabajo es con grandes grupos. Estar de pie frente al grupo que lideras es una experiencia intimidante. Cuando te sientes nervioso y lo manifiestas, se contagia a las personas que te rodean. Los participantes no quieren ver fallar al facilitador. Quieren sentir que alguien está gestionando la energía de la sala, por lo que transmitir confianza es importante.

Puede sonar extraño, pero una de las cosas que he aprendido de la improvisación es cómo prepararme. El concepto de estar «en forma y bien», de encontrarse físicamente abierto, tranquilo y con los pies en la tierra, es realmente útil.

En los talleres, el público suele ser escéptico. Se dicen a sí mismos: «¿Qué estoy haciendo aquí? Odio los talleres. Todos son una mierda». Tienes un tiempo limitado para ganarte su confianza y atención, por lo que esos primeros minutos son críticos. Por eso, «en forma y bien» es un lenguaje que me resulta realmente útil, incluso aunque en verdad no me sienta bien (lo cual puede ocurrir). Poder manifestarlo compensa con creces.

Estás al servicio del grupo. No puedes preocuparte por el proyector, ni por ti mismo, ni por la impresión que darás. Tienes que ser capaz de responder en el momento. Si entras en una sala de reuniones a toda prisa pensando en otras cosas, no lo podrás hacer. Se nota mucho si tienes la mente en otra cosa.

Hay en esto amabilidad y generosidad; significa escuchar de manera activa y genuina. Y por otro lado está esa sensación de presencia plena, que te permite aceptar lo que sucede sin desanimarte e interpretar todo como una oferta.

Queremos que un grupo resuelva sus propios problemas, que se entusiasme con las cosas, que sea más capaz de manera colectiva que individual, así que tenemos que ser capaces de transferir energía y darles el espacio para hacerlo.

En este contexto, el aspecto físico de la improvisación es importante; todo lo que va desde dónde te pones de pie hasta cómo usas el silencio. Puedes aprender a trabajar con esas cosas.

Hay personas que necesitan que atrapemos su atención. Si te limitas a situarte, de pie, en la cúspide de un grupo, y nunca te acercas a ellos, no lo conseguirás. Aunque dicen que no debes dar la espalda a la gente, lo cierto es que, a veces, puede ser útil (para frenar a alguien). O salir del grupo y situarse detrás de ellos, para que puedan fijar su mirada colectiva en lo que han creado (y no en ti).

Normalmente colocamos las sillas en forma de U, sin mesas, para que la gente no tenga barreras delante. Esto, e ir moviendo a las personas por la habitación, crea un sentido de comunidad.

A veces el jefe no asiste a toda la sesión, sino que se limita a aparecer en algún momento. Si se sienta en la parte posterior, o separado del resto, puede generar una dinámica completamente diferente. En este caso, lo integramos físicamente en el grupo. Se trata de percibir el espacio como una oferta.

La postura del cuerpo también es interesante. Yo tuve un colega increíblemente flexible. Cuando quería que el grupo tomara la palabra, se ponía de cuclillas, adoptando literalmente una actitud física de bajo estatus, otorgándoles voz y autoridad.

Aprender a usar el silencio es increíble. Si eres capaz de sostenerlo, alguien llenará el vacío. Y lo que digan seguramente será más interesante que cualquier cosa que estuvieras a punto de decir. Necesitas guardar silencio durante una cantidad incómoda de tiempo, el que tú consideres necesario, y un poco más. La forma de hacerlo es contar. Piensa en un número que te parezca todo un reto. A continuación, duplícalo.

Una de las alegrías de nuestro trabajo es que, aunque dirigimos el taller, nuestro trabajo no es ser el experto.

Hay otras personas en la sala que saben más sobre la cerveza, o la ley, o lo que sea que estemos trabajando, que nosotros. Una vez que te sientes cómodo con eso, sabes que estás rodeado de experiencia y tu papel consiste solo en acceder a ella.

A veces las personas son disruptivas. Como facilitador, tienes que lidiar con esto igual que un artista de monólogos lo hace con un alborotador. Puedes convertirte en el portavoz del grupo, pero tienes que seguir trabajando para ellos. Si reaccionas a nivel personal, te equivocas.

Necesitas divertirte con esta actividad, porque facilitar es agotador. La diversión subyace en darte cuenta de que has pasado un día alimentado por la energía de tu audiencia. Sí, les estás dando energía, pero ellos te la están devolviendo.

Detrás de la improvisación hay pensamientos realmente interesantes de los que puedes aprender. No todo te saldrá bien, necesitas tropezar y superar cosas, y luego volver a ellas. En nuestro mundo, donde liderar un grupo significa solicitar ideas y obtener contribuciones y opiniones, realmente todo es una oferta.

— *eatbigfish.com*

6
La improvisación del día a día

Cuando comencé a trabajar con la improvisación, las personas nos pedían sobre todo que nos centráramos en las habilidades para generar y presentar ideas. Daban por sentado que, en caso de que tuviera alguna aplicación útil (y muchos eran escépticos), estaría relacionada con la creatividad o la actuación en público.

No estaban equivocados, y espero que en estas páginas hayas encontrado algunas técnicas para hacer que tus sesiones de *brainstorming* o tus presentaciones sean más animadas, pero aquí hay algo más en juego que unos cuantos trucos para obtener nuevas ideas o involucrar al público.

Con el tiempo, este tipo de enfoque se ha ido valorando más. He pasado muchos año en Oxford y en otros lugares ayudando a las personas a desarrollar su capacidad para responder creativamente a cambios complejos. Aunque suene grandilocuente, en la práctica son cosas obvias como prestar atención a diferentes personas, dejar de lado las suposiciones o el deseo de control y trabajar con lo que tengas a mano. Muchas de estas personas me han dicho que estas ideas les han resultado igual de útiles para casa que para el trabajo.

Después, a raíz de la pandemia que comenzó en 2020, negar la importancia de la adaptabilidad y la improvisación se hizo imposible. Cambios que en circunstancias normales hubieran llevado años estaban sucediendo en días. Equipos que hasta un cierto lunes nunca habían trabajado virtualmente, estaban un viernes después en línea, sin que faltara nadie. La gente comenzó a decirme: «Ahora todos somos improvisadores». Mi respuesta interna fue que siempre lo hemos sido, pero me quedé callado. Si la necesidad se había vuelto más visible, eso era suficiente para mí. Sin embargo, es importante que nos demos cuenta de que aquellas circunstancias no fueron únicas, algo que podemos olvidar una vez pasada la crisis.

Se dice que el propio Charles Darwin afirmó una vez: «En la larga historia de la humanidad (y también animal) han prevalecido aquellos que aprendieron a colaborar e improvisar de manera más efectiva». Resulta que la cita no es suya, pero independientemente de quién lo dijera, la idea es importante.

La inimaginable complejidad de la vida hace que la colaboración y la improvisación sean siempre necesarias. No hay nada vivo, desde una bacteria hasta una ballena azul, que tenga un guion para su vida. Esto te incluye a ti. De una u otra manera, cada ser vivo se las arregla sin un plan, y siempre lo ha hecho.

Como dijo Kevin Kelly, editor ejecutivo fundador de la revista *Wired*: «No hay lógica, salvo la *bio*-lógica, que pueda ensamblar un dispositivo pensante, ni siquiera un sistema viable de cualquier magnitud». La vida es demasiado complicada para que alguien pueda tener el control de mucho durante mucho tiempo.

Nuestro análisis no contempla las anomalías. Los inadaptados. Los casos atípicos. El lío. Cualquier cosa que no se puede controlar queda, por definición, excluida de un ensayo aleatorio controlado. Las emociones que nos mueven se omiten al calcular el interés propio racional que nuestra economía tanto valora. El problema es que es en el desorden, ese conjunto ingobernable, complejo y fluido de interconexiones, donde todos vivimos.

El teatro de improvisación es como un laboratorio para el desorden: un lugar donde puedes estudiar cómo funciona la improvisación y, por lo tanto, en cierto sentido, cómo funciona la vida. Nadie pretendía que fuera así, pero sucedió de todos modos, lo cual es un buen ejemplo de ello. Parafraseando al entrenador de baloncesto Phil Jackson: «La vida consiste en algo más que en teatro de improvisación, pero es que el teatro de improvisación también consiste en algo más que en teatro de improvisación».

Las prácticas hacen visible lo que está sucediendo en nuestra comunicación y en nuestras relaciones. Esa es la razón por la que utilizo metáforas como «máquina de rayos X» o «gramática fundamental». Existen juegos, un lenguaje que se puede aprender y herramientas para aplicar en el contexto que desees. Los términos son comunes y cotidianos, lo que hace que las ideas sean fáciles de recordar. Darles vida mediante las palabras invoca un sentido de legitimidad: una vez que tenemos las palabras, se convierten en «cosas» con las que podemos trabajar.

La fantasía gerencial

Aun así, todavía nos puede costar ver que en todo hay improvisación, por la fuerza que tiene la historia que nos contamos a nosotros mismos sobre el mundo. Esta narrativa dominante no solo presupone que el control es posible, sino deseable. No lo es. El escritor Chris Kutarna lo llama «La fantasía gerencial», y aparece a todos los niveles en nuestras organizaciones. Detrás de todo ese ruido sobre la productividad personal y la gestión del tiempo, hay una fantasía similar: que, con el sistema correcto, podemos llegar a tener nuestro tiempo y nuestras vidas bajo control.

Caer en esto no significa que seamos estúpidos. Debido al éxito que han tenido, el énfasis en la medición, el análisis y el control están profundamente anclados en nuestra forma de pensar. Han funcionado extraordinariamente bien durante cientos de años.

Nos han traído éxito tecnológico y bienestar material, así que es lógico que todos hayamos sido educados en esta forma de pensar y que esta educación se vea reforzada cada día mediante el lenguaje que usamos y la cultura de la que formamos parte.

El problema es que ese éxito ha sido tal, que hemos olvidado que se trata de una forma de pensar, y lo confundimos con que las «cosas son así». Tomamos *una* verdad por *la* verdad. Se trata de un error que culturas más lentas, ancestrales y amables tienden a no cometer.

Pero cualquier forma de pensar, por mucho éxito que tenga, es parcial y limitada. No hay una única lente que te permita verlo todo. Como dijo el psicólogo James Hillman: «Las ideas que tenemos, pero no sabemos que tenemos, nos tienen». En la ciencia, así como en la religión, subyace el potencial para el fundamentalismo (aunque tiende a ser más sutil). Cuando tratamos la vida como si fuera algún tipo de maquinaria, no es de extrañar que terminemos estresándonos y dañando los sistemas vivos.

Las ideas que hemos analizado nos ofrecen una forma diferente de ver nuestras vidas. Esto es inquietante. Literalmente. Echan por tierra muchas de las cosas que damos por sentadas (una de las razones por las que hace falta practicar para hacerlas nuestras).

La idea de que puedes tener orden sin control es, por ejemplo, un pensamiento radical. Va en contra de todo lo que nos han enseñado. Plantea si es sabio o no esforzarse tanto para organizar y planificarlo todo. Pero tú, igual que los improvisadores, puedes dar forma a tus historias sin tener el control.

Imagina que llegas agotado del trabajo a casa y allí, lleno de energía, te espera un niño pequeño, ansioso por jugar. En lugar de inventarte algo para darle largas, simplemente comienza a jugar y mira qué surge. Recuerdo una vez con mi hijo mayor, que entonces tenía menos de dos años. Me dio una pelota, así que la tiré. La trajo de vuelta, así que la tiré hacia otro lado. Rápidamente se convirtió en un intrincado juego de trampa y engaño. No necesité planificar ni tener el control. Creamos ese juego sin decidir nada de antemano. Y mi hijo de dos años hizo la mayor parte del trabajo.

Otro sello característico del relato dominante es nuestro entusiasmo por desmontar las cosas en sus partes. Desmontar un motor es una buena manera de entenderlo.[*] Desmontar a una persona para entenderla no. Sin embargo, lo hacemos todo el tiempo, sin ni siquiera darnos cuenta de ello ni de lo que nos perdemos en el proceso. Cuando estudié Psicología en la universidad, esta redujo lo que sentía por una pieza de música, o una chica, a una secuencia de células que se disparaban. Estoy seguro de que muchas células lo hacían (especialmente cuando Mary Banks caminaba como flotando por el césped), pero la vida, tal como la experimentamos, es más que eso.

De todas maneras, un improvisador tiene demasiada información y muy poco tiempo para dividir las cosas en sus partes (lo que también aplica a casi todo en nuestro día a día). Aprenden a trabajar con los sentidos y las sensaciones, que son más rápidos. Su instinto los lleva a unir las cosas, que es como crean las ideas y acciones que hacen que sus historias avancen.

He conocido a personas que hacen una hoja de cálculo para analizar qué casa comprar. Esto podría funcionar como posracionalización, pero no te dirá qué casa es la que te encandila. En lugar de tratar de entender las partes, concéntrate en el todo. Puedes practicarlo eligiendo rápidamente la comida en el restaurante. No analices los platos, elige en función

---

[*] Aunque, como dijo Aldo Leopold en *A Sand County Almanac*, «La primera regla para alterar de manera inteligente es mantener todas las piezas».

de la sensación. Te llevará menos tiempo, disfrutarás más de tu comida y practicarás cómo tomar decisiones de manera más improvisada.

Concéntrate en construir cosas, no en descomponerlas. Una muy buena manera de hacerlo es conectar a las personas. He perdido la cuenta de las veces en que se ha creado una conexión a partir de una corazonada y esto ha llevado a una nueva amistad, oportunidad o aventura. Como dijo el biólogo chileno Francisco Varela una vez: «Cuando un sistema biológico está bajo presión, la forma de hacerlo más saludable es conectarlo más consigo mismo».

Otra barrera es el hábito de dividir las cosas en dos categorías opuestas. En función de esto, o improvisas o planificas. Es una tendencia fuerte y comienza temprano. En mi instituto, a los dieciséis años, todos teníamos que elegir entre ciencias o letras. Yo quería hacer ambas cosas. Me dijeron que era imposible. No lo era, pero los trabajadores les tenían tanto cariño a las categorías que ellos mismos habían inventado que no podían atisbar ninguna otra posibilidad. Hasta los alumnos se unieron a esa forma de pensamiento, ordenándose en grupos igual de estancos. O eras deportista o eras inteligente. No podías ser ambas cosas. Jugué en la liga First XV de rugby y remé en Oxbridge. Entonces, ¿en qué grupo tenía que estar yo?

Puede que pienses que tú no eres propenso a esto, pero está en todas partes. Mientras trabajaba en este libro, sin ir más lejos, publiqué una foto en Instagram de mi sistema de archivo, con ordenadas filas de secciones numeradas, codificadas por colores según el progreso. Enseguida llegaron las burlas por utilizar un sistema así para un libro sobre improvisación. Como si un libro sobre improvisación *se tuviera* que improvisar.

Si alguien se hubiera parado a pensar un momento, enseguida se hubiera dado cuenta de que no se pueden organizar veinticinco años de material sin algún tipo de estructura. Pero nadie lo hizo. Nuestras respuestas son inmediatas e instintivas. Estamos tan acostumbrados a dividir de forma tajante y en oposición, que enfrentamos ideas entre sí, sin ni siquiera darnos cuenta.

Pensemos en la construcción, por ejemplo. No se puede construir sin un plano, pero tienes que ser capaz de adaptarte creativamente durante el proceso o no terminarás nunca, y mucho menos obtendrás un buen resultado. Esto es así tanto si estás ampliando la cocina como construyendo un estadio olímpico.

Nosotros nos pasamos dos años construyendo nuestra casa en España. Yo ya era un apasionado de la improvisación, pero aun así me quedé asombrado por la cantidad de adaptación creativa que los artesanos tenían que mostrar en la obra para corregir errores, descuidos o aprovechar aquellas oportunidades que los planos habían pasado por alto. Muchas de las características más distintivas y agradables de la construcción final, como el porche, la bodega o el jardín elevado, nunca estuvieron en los planos. Surgieron del propio trabajo.

Viajar es otro ejemplo habitual. Si te pido que me cuentes la historia de un viaje maravilloso, o unas vacaciones, apuesto a que me hablarás de algo que sucedió de manera inesperada o improvisada. Es poco probable que me cuentes la historia de algo que salió exactamente como estaba planificado.

Esto no significa que no debas planificar tu viaje, pero si no te preparas para adaptarte y cambiar en función de lo que suceda por el camino, corres el riesgo de perderte muchas cosas. Una vez acepté subirme a un camión para atravesar las salinas cerca de Uyuni, en Bolivia, con diez minutos de antelación. Mi plan me llevaba en una dirección completamente diferente. De haberlo seguido, me hubiera perdido atravesar la frontera con Chile a pie bajo las estrellas más increíbles que he visto nunca, o bañarme en una fuente termal mientras los cóndores volaban por encima. (Aunque a la mañana siguiente también me hubiera ahorrado la resaca inducida por el aguardiente, cortesía de la excesiva hospitalidad de la policía fronteriza.)

Improvisación sin los juegos

La novedad me seduce rápido y me aburro con facilidad, pero aun así, pasados veinticinco años, sigo jugando con estas ideas. Lo cual es sorprendente. Esto se debe, en parte, a que siempre estoy aprendiendo. Encuentro nuevas formas de configurar, ejecutar o aplicar juegos que he estado utilizando durante décadas. Aprendo de colegas y clientes que hacen cosas que nunca se me hubieran ocurrido. Y, si bien todo esto es genial, aún hay más.

Las ideas han cambiado la forma en que veo el mundo y vivo mi vida. Se han convertido en parte de mí, algo que también he percibido en las personas a las que he entrevistado para este libro. El enfoque que da la improvisación es convincente porque resulta muy vivo. Cuando dejo de luchar contra el flujo de los acontecimientos y me permito participar en él, encuentro mucha alegría y deleite. Continuamente suceden cosas que nunca podría imaginar.

También me encanta lo indulgente que es esta práctica. Cuando cometo un error o me comporto mal o me quedo atascado exactamente en el mismo punto otra vez, ahí está, esperando con paciencia, provocándome con una pregunta que me pone en marcha nuevamente. Que un conjunto tan simple de ideas pueda capturar hasta tal punto la aparente esencia de cómo funciona la vida es casi mágico.

Echando la vista atrás, me doy cuenta de que estas ideas ya estaban en funcionamiento cuando comenzó todo. Cuando Gary Hirsch y yo nos encontramos por primera vez, fue para hablar sobre su trabajo artístico, pero resulta que hizo un comentario pasajero sobre la improvisación como una práctica que capté y agarré al vuelo. Ambos nos olvidamos del plan inicial y, en su lugar, analizamos la idea de la improvisación. Invité a Gary a trabajar con un cliente mío y aceptó la oferta en el acto. A todo esto le siguió un negocio, una gran amistad y todo lo demás sobre lo que he escrito. Planificar todo esto hubiera sido imposible.

Unos años más tarde me di cuenta de que el programa de liderazgo en el que trabajé en Oxford se basaba, en muchos niveles, en la improvisación, y no solo la sesión que dirigía yo. El aprendizaje más importante tuvo lugar en los descansos, no en las sesiones; en conversaciones espontáneas entre los participantes. La estructura del programa —las conferencias y las sesiones— era importante, pero su papel consistía en estimular una respuesta en los participantes, que era con lo que trabajábamos. El contenido real fue lo que la gente aportó, no lo que les dimos. No estábamos tratando de transmitir información, estábamos creando una experiencia.

Esto es lo que yo llamo «improvisación sin juegos». Los Fines de Semana de Lectura de los que soy anfitrión son otro ejemplo de esto. Los únicos elementos sobre los que tengo poder de decisión son el lugar (una hermosa casa antigua) y quién viene. Solo hay dos reglas: «Lee entre comidas, habla durante las comidas», y «Solo puedes leer un libro a la vez». Todo lo demás es improvisado: las personas eligen lo que leen, con quién hablan, de qué hablan y así sucesivamente. Sin embargo, a pesar de que no hay objetivos de aprendizaje, ni programa, y los libros los eligen los participantes según su libre albedrío (no según una agenda o tema), la experiencia de aprendizaje siempre es poderosa. No se puede saber de antemano qué aprenderá cada uno, por lo que hay que estar dispuesto a olvidarse de los detalles concretos, lo cual permite, precisamente, el descubrimiento. Como dijo un participante: «Me encuentro descubriendo respuestas a preguntas que no sabía que tenía».

Lo de más arriba funciona también para lapsos de tiempo más largos. En 2020, al no poder trabajar de forma presencial debido al confinamiento, creé Yellow junto a Alex Carabi. Yellow es un programa en línea de cinco meses. Grupos de seis personas se reúnen cada dos semanas durante dos horas. Pero hasta ahí llega la estructura. Todo lo demás surge.

Funciona así en varios niveles. No hay guion que determine lo que abarcaremos en ese período. En su lugar, Alex y yo prestamos mucha atención y diseñamos cada sesión en respuesta a la anterior. En base a lo que hemos escuchado o sentido, elegimos una pregunta o inventamos una actividad que actúa como estímulo para la próxima sesión. A veces es un invitado que consideramos tiene una experiencia interesante que compartir, pero nunca son «expertos en la materia», en parte porque la materia de Yellow son precisamente las personas que vienen, y nadie puede ser un experto en eso (a veces ni siquiera las propias personas). En ocasiones optamos por complementar lo que ha pasado antes, otras hacemos algo que contrasta con ello. Pero no hay un plan general.

En cada sesión de dos horas hay sobre todo improvisación. Tenemos ciertos elementos estructurales (como un *check-in*) que nos ayudan a crear un ambiente adecuado, y un punto de partida, pero lo que se desarrolla a partir de ahí dependerá de cómo responda el grupo y de las preguntas e ideas que se les ocurran. A veces, ni siquiera conseguimos llegar hasta ahí. En la charla inicial puede surgir un tema que notamos que engancha al grupo y decidimos seguirlo, dejando de lado incluso el mínimo plan que habíamos preparado.

Esto no significa que no nos preparemos. Pasamos mucho tiempo reflexionando sobre cada sesión y explorando posibilidades para la siguiente. También buscamos constantemente ideas (y personas) que podrían constituir un estímulo útil en algún momento, pero preparamos un terreno amplio, no un camino estrecho.

Dejar de lado el habitual enfoque por objetivos no es tan inusual como puede parecer. Hay campos enteros en los que cosas similares son práctica habitual, el desarrollo de software «agile», por ejemplo.

Se trata de un enfoque en el que entran en juego muchos elementos de «notar más, dejar ir y usar todo», aunque sea con otro lenguaje. Los equipos evalúan el progreso cada día. Los roles no están asignados. Las personas trabajan en aquello para lo que tienen energía. La estructura está diseñada para propiciar respuestas rápidas y nuevas combinaciones, no para ejercer control.

Por lo tanto, el comportamiento basado en la improvisación está entretejido en cómo organizamos las cosas.

Hay muchos otros ejemplos, algunos de ellos conocidos. Desde hace décadas, el fabricante estadounidense 3M da a las personas un presupuesto en forma de tiempo para trabajar en sus propias ideas. Gore Associates (inventores del famoso tejido Gore-Tex) se mantiene a escala humana y crea equipos del tamaño de una «aldea», de unas 200 personas, en los que los roles son fluidos y las personas no tienen cargos. Semco es una empresa de ingeniería brasileña cuyas estructuras promocionan fuertemente la interacción y la autonomía, y nada el control. Semco suena bastante única hasta que oyes hablar de Morning Star, la compañía embotelladora de tomates más grande de California, a pesar de lo cual sus empleados definen sus funciones y establecen sus propios salarios. No parece posible dejar ir mucho más.

Durante una crisis de adquisición, una empresa siderúrgica de Canadá adoptó tres reglas para poder tomar decisiones de manera rápida en las reuniones. Las reglas eran:

1. La reunión decide.
2. La reunión es quien está en la sala.
3. La puerta de la sala siempre está abierta.

De esta manera, cualquiera podía participar en la toma de decisiones, pero había que estar ahí. Lo importante era la presencia.

Una compañía de software propuso a sus diseñadores que se ayudaran mutuamente con sus proyectos personales por un día. Se trataba de temas que despertaban pasión a nivel personal, no cosas de trabajo. Esta es una buena manera de utilizar lo que tienes: tu gente y las ideas para las que ya disponen de energía. Aquí, dejar ir también juega un papel importante, porque lo hicieron sin un objetivo particular en mente, solo para ver qué surgía. Y las ideas que surgieron fueron, de hecho, de tal calidad y contenían tanta energía, que decidieron abandonar su proceso formal de innovación, engorroso e ineficaz en comparación. Adoptaron el método basado en la improvisación, dejando ir por completo y aceptando la nueva oferta para crear un nuevo flujo. El resultado neto fueron mejores ideas en menos tiempo y personal más motivado.

Hay muchas más historias de improvisación de las que nos damos cuenta, por la sencilla razón de que no las presentamos como tales. Posracionalizamos nuestro éxito, lo tergiversamos y malinterpretamos en el proceso.

Richard Pascale, por ejemplo, es un destacado pensador estadounidense dedicado al campo de los negocios con quien trabajé en Oxford, que cuenta la historia de Honda en Estados Unidos. Su éxito fue aclamado como un ejemplo de brillante estrategia. Richard, que sabía algo sobre Japón, tenía el presentimiento de que había algo más. Siguió esa corazonada y decidió invertir algo de tiempo en conocer a la gente de Honda que había estado personalmente involucrada en el proceso. Se coló por detrás de la posracionalización para acercarse a la experiencia misma. Y descubrió que, efectivamente, la estrategia no había sido la fuente de su éxito.

Al igual que Richard, Honda había actuado siguiendo la intuición y las sensaciones. Había cometido muchos errores y equivocaciones por el camino. Como la ocasión en la que eligieron un modelo porque su manillar «se parece a las cejas de Buda», lo que dejó en evidencia que no tenían demasiado conocimiento de la América de posguerra. No planificaron en detalle. Sí que fueron brillantes, sin embargo, en darse cuenta de lo que estaba sucediendo y responder con rapidez. Muchas veces sin avisar a la oficina central. Su éxito se debió a su capacidad de adaptación, que Richard llamó «el efecto Honda». Las escuelas de negocios, sin embargo, lo pregonaban como un triunfo de la estrategia. Esto no es sorprendente. El relato dominante busca modelos estándar y unificadores, no historias anecdóticas sobre compañías inconformistas que se adaptan a circunstancias particulares.

El problema es que son precisamente las circunstancias particulares a lo que todos nos enfrentamos. «Anecdótico» no debería ser peyorativo. Tales historias proporcionan información e inspiración para diseñar organizaciones más orgánicas y menos mecánicas. No nos dirán qué tenemos que hacer, pero puede que nos lleven a emprender una productiva exploración por nuestra cuenta.

Esto no quiere decir que la improvisación por sí sola sea la respuesta. Pero sí es una respuesta saludable a la complejidad de la vida. Asume que la incertidumbre es algo que se debe disfrutar en lugar de soportar y nos invita a interactuar con ella de una manera diferente: menos esfuerzo, más pausa.[*]

No caigas en la trampa

El estadístico George Box dijo una vez: «Todos los modelos están equivocados, algunos de ellos son útiles». Espero que el modelo que te he explicado en este libro te parezca útil, aunque eso no lo convierte en correcto.

Puede parecer raro por mi parte decir algo así, pero va muy en la línea con lo que he estado escribiendo. En este enfoque

---

[*] Hasta que escribí *Pausa* no me di cuenta de que el germen de esa idea ya estaba aquí, en este libro...

subyace la idea de que todo es fluido y accidental, por lo que sería perverso insistir en que el lenguaje o el modelo que he utilizado son sacrosantos.

De hecho, estas ideas no tienen nada de único. Al principio me interesaron porque me recordaban la ciencia de la complejidad. Se conectan, o se solapan, con muchas otras tradiciones (de sabiduría), como el estoicismo o el Zen. Por eso te aconsejaría que no le tomes demasiado cariño a ninguno de los detalles (algo que, imagino, un budista aprobaría).

En su lugar, te animo a que juegues con ellas, una actitud muy en consonancia con el espíritu de la improvisación. Este se diferencia de otros enfoques en que es juguetón y liviano, así que no te lo tomes demasiado en serio.

En cualquier caso, las prácticas no te dirán qué hacer. No te dirán qué debes notar o qué debes dejar ir o dónde está la oferta en una situación difícil. Lo que sí harán es invitarte continuamente a plantearte preguntas, pero tienes que responderlas tú mismo.

Esto es importante. En una sesión de The Everyday Improviser, alguien preguntó si ser siempre flexible podía hacer que «desaparecieras». Como mujer e inmigrante, esta persona sentía que siempre era ella la que se adaptaba a los demás, y le preocupaba que este enfoque fuera demasiado complaciente.

Entendí lo que quería decir, pero el modelo no apoya ni una cosa ni la otra. Te da algunas ideas que usar conscientemente para obtener lo que quieres. Si buscas bloquear ideas o cortar el flujo para asegurarte de que te ven (o por cualquier otra razón), entonces no hay nada aquí que diga lo contrario. Depende de ti decidir lo que quieres, en tu contexto particular. Sea lo que sea, con la práctica, estas ideas pueden ayudarte a conseguirlo.

También te animo a que juegues con el idioma. Si prefieres «oportunidad» en vez de «oferta», úsalo. Si la idea de «estar presente» te resulta más útil que «notar más», que así sea. Y aunque pueda parecer que los tres círculos en el modelo están muy juntos, también hay algo de espacio para maniobrar. Kirsten Gunnerud (entrevistada en la página 68), por ejemplo, prefiere escribir «pausa» en la intersección de las tres prácticas, en lugar de «todo es una oferta».

Esto me encanta, por un par de razones. Primero, encaja maravillosamente. Al notar más o dejar ir algo, automáticamente se crea una pequeña pausa. O al revés. Como dice Lisa Kay Solomon: «Cuando las cosas no van como espero, puedo hacer una pausa y aplicar los ejercicios de improvisación». Fluye en ambos sentidos e integra la idea de «menos esfuerzo, más pausa» en el modelo.

La segunda razón por la que me gustó es personal. El libro que escribí antes de este fue *Todo es una oferta*; el que escribí después fue *Pausa*. Así que esta versión del modelo vincula perfectamente los tres libros.

Lo menciono aquí para ilustrar que, si bien el modelo fue idea mía, yo no tengo la última palabra al respecto. Otras personas lo han cambiado o construido cosas interesantes a partir de él. Tú puedes hacer lo mismo.

¿No sería aburrido?

Improvisar es lo más natural del mundo. Todos lo hacemos. Lo estás haciendo ahora. Tus ojos, piel, intestino, sangre y cerebro están todos improvisando, cada uno por su cuenta y todos juntos. Igual que un bosque o el tráfico en nuestras carreteras o los correos electrónicos en Internet o el suministro de alimentos en la ciudad de Nueva York, los flujos más espectacularmente complejos se organizan en una danza maravillosamente intrincada e improvisada. No hay nadie al timón. La pandemia mundial de 2020 nos lo dejó inequívocamente claro.

Entenderlo es una fabulosa liberación. En el pasado, cuando la mayor parte de lo que sucedía estaba más allá de nuestra comprensión, la búsqueda obstinada del control tenía sentido. Pero ya no.

Una vez dirigí con mi amigo Edward Espe Brown un curso llamado Siéntate Estira Come Juega, que combinaba meditación, yoga, cocina e improvisación (de ahí el nombre). Un día, después de la meditación, Ed estaba reflexionando sobre la cuestión del control, que alguien había planteado: «Es gracioso que de verdad queramos algo así, ¿No...? Porque nunca lo podemos tener, e incluso si pudiéramos... Bueno, *eso* sí que sería aburrido».

La promesa de que, una vez que tengamos todo ordenado y marcadas todas las casillas, podremos ser felices, es una ilusión, y una aburrida. ¿Quién quiere una vida así?

Esto no significa que tengamos que renunciar a una forma de pensamiento tan exitosa, pero sí comprender sus límites. Un plan o guion o una receta tienen un recorrido limitado. Hay otras respuestas inteligentes que complementan el enfoque que tenemos actualmente. La improvisación es una de ellas. No solo te ayuda a navegar por el desorden. Es una manera de ser feliz en él.

Tomarnos en serio un par de las sencillas ideas que nos ofrece la improvisación puede cambiar cómo nos tomamos nuestra vida cotidiana y nuestro trabajo. Nos ayudan a aceptar, con humildad, que el papel que jugamos en este mundo incomprensiblemente complejo es pequeño. Nos ayudan a disfrutar de lo que la incertidumbre nos trae, en lugar de tratar, constantemente, de acabar con ella.

Nos aportan algunas ideas sobre cómo seguir adelante mientras avanzamos hacia «ese mundo más bello que nuestros corazones saben es posible»,* que aún no podemos ver o describir. Nos permiten reconectarnos con nuestra propia irreductible e improvisada naturaleza y, lo más importante, nos dan algo práctico y simple de hacer.

---

* *El mundo más bello (que nuestros corazones saben es posible)*, por Charles Eisenstein.

Johnnie Moore — *Improvisación profunda*

Johnnie Moore es tutor en el programa de Liderazgo Estratégico de Oxford y trabaja como facilitador. Es el creador de Unhurried Conversations *y autor de* Unhurried at Work.

Algunas personas utilizan la improvisación de una manera que a mí no me llena nada. Yo lo llamo «improvisación superficial». Se centra en la diversión y los juegos, es un poco frenética y «aplaudamos felices». No me interesa en absoluto.

Mi sensación es que hay algo más que podríamos llamar «improvisación profunda». Una vez leí un artículo del pianista de jazz Keith Jarrett, que profundizó en lo que realmente es la improvisación. Escribía sobre trabajar siguiendo medias corazonadas, momento a momento. Siente que sus manos se mueven para hacer algo y luego, cuando se vuelve demasiado evidente, elige hacer otra cosa. Creo que esto es a lo que estoy tratando de llegar.

Cuando me despierto por la mañana, hay toda una lista de cosas por las que habitualmente me enojo y frustro, y que difícilmente van a cambiar. Si soy capaz de darme cuenta de esto, puedo preguntarme: «¿Qué pasa si no sigo este pensamiento?» y cambiar de tema. Podría decirme: «¿Qué hay para desayunar?», algo que me conecta con algún tipo de impulso sensorial. Esto me libera de la cadena de pensamientos: «debería haber, podría haber, que hubiera pasado si..., ¿por qué ellos no...?».

Cuando me despierto, podría describirme a mí mismo como deprimido o ansioso, pero si lo llamo de otra manera, un nombre inventado (como «zagprog», por ejemplo), eso me ayuda. Lo considero nuevamente y me pregunto: «¿Qué más podría ser?». Funciona sorprendentemente bien. Me doy cuenta de que no tengo por qué sentir ira; puede ser energía u otra cosa.

Me siento mejor, pero *no* porque haya una solución. No hay resolución de problemas, solo hay un estar presente. No hago nada al respecto. Realmente, es un no-hacer. Existen unos guiones, unos patrones en nuestra forma de reaccionar.

Interrumpirlos o cambiarlos, elegir otra cosa, ¿puede que sea eso improvisación profunda? ¿Qué sucede si tomamos una decisión diferente sobre cómo reaccionamos?

Hace años experimenté algo parecido en grupos de encuentro. El propósito del grupo es «encontrar» otras personas, darte cuenta de algo que quieres explorar, tal vez poner en duda. En uno de estos grupos alguien comenzó a darnos mucha información sobre la violencia que había sufrido de niño. Me di cuenta de que me costaba prestar atención. Lo compartí. Le expliqué que mi mente estaba divagando y me preguntaba si a alguien más le pasaba lo mismo. Algunos dijeron que sí.

Era arriesgado, pero había sacado a relucir una verdad incómoda. El propio orador reconoció que cuando hablaba de estas experiencias, a menudo sentía que nadie le prestaba atención. A partir de ese momento la conversación cambió.

Estos momentos conectan con la improvisación profunda. Sacas la cabeza y dices algo que te pone a ti y a la otra persona en un lío. Y no sabes cómo va a acabar. Se diría que los grupos tienen la capacidad de contener todo tipo de sentimientos realmente poderosos y evitar que se desborden.

Cuando estoy en una situación complicada o estresado, puede parecer que busco consejo, pero en realidad solo necesito saber que alguien está realmente presente. A los amigos cercanos les puede resultar difícil limitarse a *estar* con nosotros. Sin embargo, a menudo es justo lo que necesito cuando lo estoy pasando realmente mal.

Creo que tiene algo que ver con estar tan presente como para reconectar con la sabiduría interior. Sentirme conectado, parte del terreno de juego y no solo. ¿Quizá eso que llamo «improvisación profunda» es solo una forma de reconectarse al tejido de la vida?

— *johnniemoore.com* | *unhurried.org*

7
Empieza el juego

Me gustaría cerrar con algunas cosas más que puedes hacer: algunos juegos. Sintetizan las prácticas que hemos explorado en este libro. Les aportan un poco de estructura concreta, por lo que pueden ser un buen punto de partida.

Esto es lo primero que hay que tener en cuenta. Las formas tienen estructura. No son ningún viejo juego, ni solo para divertirse. Tampoco son concursos o rompecabezas: no puedes «ganar» o «resolver» un juego de improvisación. Representan una experiencia tan variada como las personas que participan. Hacen visible lo que está sucediendo, permiten probar diferentes formas de actuar y ver qué sucede como resultado. Y todo esto en solo unos minutos.

Las reglas de «Historia sueca» (ver página 151), por ejemplo, obligan al narrador a aceptar las palabras inconexas que le da su pareja en el ejercicio. Esto significa tomarse los obstáculos como algo de lo que podemos sacar partido. Tienes que tomarte «todo como una oferta», literalmente. Al hacerlo, no tardas en descubrir lo fácil y empoderador que puede ser, y lo impresionante que resulta para la audiencia. Su traslación al día a día, donde constantemente nos ocurren cosas que ni esperamos ni planeamos, desde todos los ángulos, es clara.

En «Incorporaciones», las personas se han de organizar en grupos en torno a temas o preguntas comunes. El espacio en el que estamos se utiliza como una «oferta» física para generar energía, crear conexiones, producir ideas o retroalimentación. Y demuestra que mover nuestros cuerpos, en lugar de limitarnos a hablar, puede ayudarnos a resolver las cosas rápida y fácilmente.

«De uno a veinte» te invita a dejar de lado los sistemas, las agendas y el control, y a comprobar lo que podemos lograr como grupo estando realmente presentes.

A continuación encontrarás breves explicaciones de estos juegos y otros formatos que puedes probar por ti mismo. Puedes usarlos para «romper el hielo» o para «preparar para el aprendizaje», como dicen en la jerga académica (algo que puede parecer trivial pero que, en la atmósfera menos cálida de las reuniones virtuales, es cada vez más importante). O para cambiar la energía y el estado de ánimo, generar nuevas ideas o trabajar en habilidades de comunicación o negociación. Hay mucho donde elegir.

Trabajar a escondidas

Independientemente de tu propósito explícito y de los juegos que elijas, al ponerlos en práctica también estás introduciendo a las personas en las prácticas, se lo digas abiertamente o no. Estás trabajando (quizá sigilosamente) a un nivel más profundo, permitiendo que la gente experimente lo productivo y satisfactorio que puede ser trabajar a partir de la improvisación, y también que es mucho más fácil de lo que podrían suponer. Les permites descubrir, a través del juego, una forma diferente de trabajar, incluso una forma diferente de ser.

Los juegos son una especie de contenedor. Aunque parezca que no están conectados con los asuntos del día a día o del trabajo, nos *muestran* algo sobre cómo las personas se comunican y se relacionan. Aunque parezcan simple distensión, eso puede ser también una virtud. El hecho de que no haya «contenido» hace más obvia la forma en que las personas interactúan.

Puedes ver si las personas realmente se escuchan entre sí o no, si «bloquean», si se basan en las ideas de los demás, etcétera. La alegría crea un clima que propicia que nos abramos a nuevas ideas.

Un espacio para practicar

La idea de un «espacio para práctica» no es nueva. Los atletas entrenan con ejercicios que nunca ponen en práctica en el campo de juego. Cuando los músicos y actores ensayan, no se limitan a interpretar la pieza o a recitar las frases que luego declamarán.

Necesitamos ser capaces de funcionar en (y con) la incertidumbre sin paralizarnos, atascarnos o desperdiciar toda nuestra energía y atención en tratar de controlar lo que está fuera de nuestro alcance. Nuestra educación y capacitación formal no nos han ayudado a desarrollar esta habilidad.

Y en la práctica, es difícil de hacer. Un ejercicio de improvisación permite aumentar esa capacidad, sentir cómo es, ver cómo respondes, dónde te falta algo y dónde tienes una habilidad sorprendente. Lo bonito de estos juegos es que nos permiten darnos cuenta de algo de nosotros mismos y de lo que sucede a resultas de nuestro comportamiento. Por mucho que sean un juego, nos invitan a tomarnos muy en serio nuestra propia vivencia.

No te limites a jugar los juegos, experimenta con ellos

Las explicaciones que daré más adelante son simples y breves. Es algo deliberado. Las descripciones largas son tediosas de leer y, aun así, no consiguen abarcar la mayor parte de lo que puede suceder. Además, una descripción en detalle induce a pensar que hay una forma «correcta» de hacer las cosas. Y no la hay. Existen algunos consejos que te pueden ayudar a configurar estos juegos para ponerte en marcha, pero no hay un guion sobre cómo podrían llegar a desarrollarse. El objetivo de ponerse manos a la obra es ver qué pasa.

Tampoco hay que seguir mis explicaciones al pie de la letra.

Los juegos no tienen nada de sacrosanto. Es difícil establecer dónde termina uno y empieza otro, algo que, de todos modos, tampoco importa. Considera lo que te cuento sobre ellos como un punto de partida, no un punto de llegada. Esto no es una receta, es un conjunto de ingredientes... Y tú eres el chef. Añadir, quitar, duplicar, darles un giro, adaptarlos, combinarlos, quitar elementos de uno e insertarlos en otro.

Así es como se inventan nuevos juegos. Se crean y evolucionan cuando se juegan. Son el resultado de juegos pasados, perfeccionados a través de la experiencia, embellecidos y trabajados mediante diferentes interpretaciones, enriquecidos por «errores» y malentendidos. Son producto del ensayo, así como su encarnación.

Aquí hay muchas cosas con las que trabajar. Puedes aplicar estos juegos a tu manera y encontrar nuevas reglas o variantes. Puedes jugar con la configuración, agregar tus propios giros, inventarte nuevas preguntas de evaluación o formas más sencillas de explicar las reglas. Siéntete libre para perder el tiempo o inventar cosas. Me encantaría escuchar qué se te ocurre.

Muchas de las personas a las que he formado han realizado adaptaciones que a mí nunca se me hubieran ocurrido. El director de cine David Keating encontró una manera de mezclar dos juegos basados en caminar («Camina y para» y «Una, dos, tres personas caminando») que hace que apenas requieran instrucciones. Todo lo que hace Keating es empezar interpretándose a sí mismo y todos los demás se unen, copiándolo.

Al comienzo de su taller de identidad de marca de tres días, Hugh Derrick, socio de eatbigfish, utiliza el «Sí, y...» para demostrar y dar ejemplo del comportamiento necesario para que el taller funcione.

La *coach* somática Amanda Blake utilizó el juego de contar «Uno a veinte» para provocar conversaciones «difíciles» y que la gente pudiera experimentar cómo es dar retroalimentación en situaciones tensas.

Así que no seas tímido a la hora inventar tus propias versiones.

Puedes estar bien seguro, también, de que los participantes serán una gran fuente de innovación. A veces, cuando explicas un juego, hay personas que lo entienden de manera diferente a lo que pretendías. En lugar de corregir tales «errores», piensa si puedes usarlos. Muchas veces resultan un regalo. Esto también tiene un efecto colateral útil: evita la ansiedad por hacerlo «bien».

Recuerdo una vez, trabajando con un nuevo grupo de MBA (en la Universidad Estatal de Portland), en que uno de los participantes aportó de manera espontánea información adicional que yo no había pedido. Esto convirtió un sencillo juego de aprendizaje de nombres en uno de historia rico y complejo. No siempre sale así de bien, pero a menudo los grupos son brillantes en hacer que las cosas funcionen, de una u otra manera.

Por absurdo que parezca, algunas compañías de improvisación intentan «quedarse» (¡incluso reclaman derechos de autor!) ciertos juegos, lo que en mi opinión va completamente en contra del espíritu de este trabajo. No tomarse las cosas demasiado a pecho y estar dispuesto a dejarse transformar por la respuesta de las personas es parte de la práctica para quien dirige un juego, así como para las personas que participan.

De manera que prepárate para dejar de lado tu plan o idea inicial de cómo «debería» funcionar el juego: acepta lo que la gente vaya agregando, deja que fluya y observa qué pasa. Esto demuestra que estás dispuesto a transitar por el camino de la improvisación, en lugar de aferrarte a los detalles de tu plan, lo que impresionará al grupo. De hecho, puede que demostrar esta voluntad sea lo más importante de todo lo que hagas.

¿Podría no funcionar?

Cuando empecé a trabajar con ejercicios de improvisación, estaba aterrorizado. La primera vez que me propuse dirigir un taller le pregunté a un amigo, Scott Dawson, entonces Decano de la Escuela de Negocios de la Universidad Estatal de Portland, qué podía hacer si no «funcionaba».

«¿Podría no funcionar?», preguntó.

Inmediatamente (y ansiosamente) solté: «Claro que sí, podría ser un desastre, ¿y si se niegan a jugar?». Hubo una larga pausa. «¿Significaría eso que no funciona o que lo hace de una manera que no habías previsto?», preguntó. Esto me sigue ayudando hoy en día, más de veinte años después. «¿Podría no funcionar?» se ha convertido en una especie de mantra para mí.

Usa lo que tienes

Estos juegos se pueden usar de dos maneras básicas. No hace falta que diseñes todo un taller. Puedes comenzar poco a poco y usarlos de uno en uno para «refrescar» y marcar el ritmo de una reunión de cualquier tipo. Organiza un juego para iniciar, concluir o animar una reunión, por ejemplo. O para mantener a la gente ocupada si hay un retraso. Cuando pienses en qué juego o juegos jugar, reflexiona sobre tu objetivo, pero piensa también que la mayoría de los formatos sirven para ilustrar cualquiera de las prácticas. En realidad no tratan de nada en particular.

Presta atención a los detalles prácticos, como el entorno físico. ¿Cuánto espacio tienes?, ¿con qué facilidad puede moverse la gente?, ¿qué muebles hay? Ten en cuenta también las necesidades de tu audiencia (¿te acuerdas, en el capítulo 3?). Sopesa el contexto. ¿Para qué es la reunión? ¿Pasará algo más? ¿Cómo podría un juego mejorar la experiencia?

El tamaño del grupo es otra variable fundamental que te puede ayudar a elegir los juegos que podrían funcionar mejor. ¿Quieres hacer un ejercicio con todo el grupo para conectar a los participantes, o que se sientan más seguros trabajando en parejas y menos presionados por el rendimiento?

El uso de ejercicios individuales aquí y allá, para marcar el ritmo de una reunión, puede ser especialmente útil en la virtualidad. Cuando comenzó la transición al trabajo virtual, durante el confinamiento, yo, como la mayoría de mis colegas, era escéptico y me centré en lo que echaba de menos.

Pero conforme la situación se alargaba, la propia práctica vino en mi ayuda. Me di cuenta de que mis creencias me limitaban tanto como la propia tecnología. Necesitaba desprenderme de ellas. ¿Y si me planteaba las limitaciones del entorno *online* como ofertas? Después de todo, si hubiera tenido que dirigir un taller en una habitación larga y estrecha, me hubiera preguntado cómo usar una habitación larga y estrecha. ¿Por qué no hacer lo mismo aquí?

De repente, las cosas se volvieron mucho más fáciles. En el juego «Regalos», las personas no pueden hacerse literalmente un regalo imaginario, pero aun así puedo agruparlos por parejas y pedirles que le hagan a su compañero un regalo a través de la cámara de su ordenador. Es algo que funciona notablemente bien. Pueden ver el tamaño y la forma del regalo que su pareja les está ofreciendo, y aceptarlo. Y además, compartir cosas «a través» de la cámara aporta un elemento extra de juego a la experiencia.

En cuanto empecé a pensar de esta manera, noté que había menos limitaciones de las que había creído en un principio. Muchas de las plataformas tecnológicas permiten organizar la «sala» para configurar un orden compartido en pantalla. Esto permite realizar cualquiera de los juegos en círculo (como «Sí, y...», «Círculo de personajes» o «Una palabra después de la otra»).

No es lo mismo que trabajar de forma presencial, pero hay más con lo que trabajar (y jugar) de lo que yo creía.

Las personas, por ejemplo, aunque estén conectadas a través de la tecnología, continúan en un entorno físico real, viviendo una experiencia corporal, lo cual conlleva muchas posibilidades. Hacer que se pongan de pie o se muevan es perfectamente posible e incluso más importante que cuando están sentados alrededor de una mesa en la misma habitación. Horas y horas ante el ordenador hacen que algo increíblemente simple cobre gran valor para animar las cosas (ver «Sacude ocho»).

También se pueden apagar cámaras o micrófonos, de manera que las personas no se sientan observadas, y disfruten de la privacidad de su propio espacio. Esto les permite dar vueltas, hacer cualquier sonido o movimiento que quieran, por ridículo que sea, algo que quizá no harían en una habitación llena de gente.

A este fenómeno se le denomina «efecto desinhibidor de la tecnología» y muestra que, si bien al trabajar virtualmente sin duda se pierden algunas cosas, también se ganan otras.

Que algunas personas pasen mucho tiempo en casa es otra oportunidad (u oferta). Un ambiente hogareño es mucho más diverso y personal que una oficina. Gary aprovecha esto para desarrollar toda una serie de ejercicios que llama «La búsqueda de tesoros». En un espacio de tiempo muy corto (menos de un minuto), la gente tiene que ir a buscar un objeto. Puede ser algo que aman, o que odian, o que no saben qué es, ni por qué está allí, o que sea de color rojo, o que represente un recuerdo de algún tipo. Después, Gary usa ese objeto para iniciar una conversación o contar una historia o como estímulo para obtener nuevas ideas (ver «Tocar un objeto», página 153).

Si te vuelves más ambicioso y quieres dirigir un taller, te animo a que elijas una serie de juegos por adelantado, pero no sigas rígidamente un plan. Prepara el terreno, no el camino. Presta atención a lo que sucede y adáptate en consecuencia.

Variar siempre es bueno: un juego ruidoso seguido de un juego tranquilo, un juego en grupo seguido de uno por parejas. Ser rígido con los ejercicios de improvisación es contradictorio y no beneficia lo que estás tratando de hacer. Si quieres dejar huella en las personas, necesitas hacer el camino.

Parte de ese camino es entender que los juegos no son formulistas. Aunque hay patrones que se repiten, nunca sabes cómo responderá la gente y siempre puede surgir algo nuevo. Recuerda la máxima de Scott Dawson: podría funcionar de una manera que no esperas.

Esto es importante. Realizar un juego para llegar a una conclusión en concreto es un intento de controlar a las personas. Si no puedes desprenderte de esta idea, es muy posible que tropieces, y la gente interpretará las cosas de una manera que te hará descarrilar. Deja que la gente viva su propia experiencia, sea lo que sea. Permite que las cosas fluyan y disfruta del hecho de que las personas ven las cosas de maneras diferentes. Esto te permite seguir aprendiendo y mantiene tu interés en el grupo, lo cual es una bendición tanto para ellos como para ti.

Debes ser claro sobre este punto, porque los participantes no lo serán. Las personas están acostumbradas a tener que resolver rompecabezas o problemas y tienden a mantener esa misma actitud con esta experiencia. He llegado a ver a algunas intentando averiguar cómo «ganar» un juego como «Regalos». Tendrás que recordarles (con frecuencia) que en estos juegos no hay respuestas correctas.

Después de jugar, la gente a menudo pregunta: «¿Cuál era el objetivo de este juego?». No lo hacen con espíritu agresivo o crítico necesariamente (así que no te precipites a concluir lo contrario), pero a menudo revela sus suposiciones. Con frecuencia quieren saber cuál era la respuesta correcta, es decir, qué debían extraer del juego.

Se podría escribir un libro sobre cómo gestionar esto, pero, obviamente, lo que te interesa es tratar la pregunta como una oferta. Hazlo incluso cuando quien lanza el interrogante esté siendo cínico o provocativo de manera realmente deliberada, y obtendrás algo con lo que trabajar. Mi instinto me haría preguntarles cuál creen que es la finalidad, no como una defensa, sino por genuino interés. Después de todo, podría llegar a aprender algo nuevo. Es posible que vean algo que yo no veo y que se mueran por decirlo, lo que te da la oportunidad de «visibilizarlos» masivamente, y esto ayudará, a su vez, a involucrarlos (¿recuerdas la importancia de «visibilizar» a la audiencia?).

Una vez hecho esto, probablemente compartiría cuál es mi propósito (de lo contrario, parece que estoy siendo evasivo). Y es probable que, en algún nivel, también haya algo que yo *quiera* decir. Podría ser algo tan simple como: «El objetivo era hacer que te movieras». Puede que sea diferente al tipo de «objetivo» que ellos tenían en mente, pero a continuación podemos analizar esa diferencia.

Así que, claro que sí, piensa cuidadosamente en lo que quieres hacer y por qué, pero no te aferres a un resultado específico. De cualquier modo, el mismo juego funcionará de manera diferente en un día diferente con un grupo diferente. Lo cual hace que tu vida sea mucho más interesante.

Pero basta de palabras. Empieza la partida…

Historia de tu nombre (por parejas)

Cuéntale a tu pareja de juego una historia relacionada con tu nombre. Escucha la suya. Cambia de pareja. Cuéntale una historia diferente a tu nueva pareja (o cuenta la misma historia de manera diferente).

Boceto rápido (por parejas)

Cada jugador necesita un bolígrafo. También hace falta una hoja de papel para los dos. Cada participante dibuja una línea (o rasgo) rápidamente. Se turnan para crear una cara juntos. Una vez que la cara está hecha, bautizan al personaje escribiendo cada uno una letra, debajo, por turnos.

Regalos (por parejas)

Mediante mímica, la primera persona hace un regalo (no decidas qué, define únicamente un gesto). El destinatario da las gracias, lo desenvuelve, desvela qué es. Continúa el intercambio de regalos.

Puedes ampliarlo y crear una historia. Usa el regalo para algo, haz algo obvio con él y mira a dónde te lleva.

Sí, y... (en grupo)

En círculo. La primera persona comienza con una frase. La siguiente continúa diciendo «Sí, y...», y añadiendo algo para construir una historia, y así sucesivamente. Asegúrate de que lo que dicen conecta con lo que se ha dicho justo antes.

Círculo de personajes (en grupo)

En círculo. Cada persona dice algo sobre un personaje imaginario que todos conocen. Se continúa de esta manera hasta que el personaje se desarrolla. Se puede seguir el orden del círculo o permitir que las personas añadan cosas libremente.

Primera letra, última letra (por parejas/en grupo)

Cada frase en una escena o conversación tiene que comenzar con una palabra cuya primera letra es la última letra de la última palabra pronunciada por la persona precedente. Por ejemplo:

> Primera persona: «¿Qué sigue?»
> Segunda persona: «Es hora de hacer algo diferente, creo».

Historia/Experto palabra a palabra (en grupo)

Un equipo de cinco o seis personas se convierte en un experto que responde preguntas o cuenta una historia: palabra-a-palabra. Cada persona puede decir una única palabra y la pasa a la siguiente persona. Las frases deben tener sentido gramatical, no ser una simple lista de palabras.

Alguna vez has (en grupo)

La primera persona dice: «Alguna vez has». Luego, cada jugador agrega una palabra para formar una pregunta, por ejemplo: «¿Alguna vez has... Montado. En. Pony. Hasta. Zimbabue?». Una vez la frase parece completa, se comienza una nueva investigación diciendo: «¿Alguna vez has?».

Historia sueca (por parejas)

Tenemos un narrador y un lanzador de palabras. También un título que inventa el resto del grupo. Comienza el narrador, y la otra persona lanza palabras irrelevantes cuando quiere (pero no puede lanzar una nueva hasta que se haya usado la anterior). El narrador tiene que usar esas palabras.

Dar detalles/Avance (por parejas)

Una persona cuenta una historia en función de un título que le han dado. La otra le pide que dé color (más detalles) o que avance (en la acción), según lo requiera la historia; pide tanto como quiere de lo que quiere.

Cinco palabras (en parejas)

Una persona hace preguntas a la otra, que tiene que responder con solo cinco palabras. Exactamente. Ni más, ni menos.

Oraciones inacabadas (en grupo)

Se comienza a contar una historia (en grupo) en función de un título. Cada persona deja su narración donde quiere. La persona siguiente tiene que retomarla exactamente donde la anterior lo dejó.

Incorporaciones (en grupo)

Organizarse en grupos físicos en torno a preguntas o temas dados por el facilitador (por ejemplo: ¿Cuánto tiempo has trabajado aquí? ¿Cómo te sientes ahora?). Para averiguar a qué grupo se ha de unir uno, los participantes tienen que caminar y hablar con mucha gente.

Caminar y parar (en grupo)

Todos de pie, alrededor de la habitación. Las reglas son: si ves a alguien caminando, debes caminar. Si ves a alguien parado, debes parar. Cualquiera puede elegir caminar o detenerse en cualquier momento.

Una, dos, tres personas caminando (en grupo)

Todos de pie, repartidos a lo largo del perímetro de la habitación. El facilitador indica el número de personas que pueden caminar a la vez. Pueden detenerse o comenzar a caminar cuando quieran. El facilitador cambia el número con frecuencia.

¿Cuántos rojos? (en grupo)

Pregunta a los participantes cuántos tonos o puntos de color rojo creen que hay en la habitación. A continuación, pídeles que se fijen con cuidado y cuenten.

Uno a veinte (en grupo)

Forma un círculo. A continuación, las personas deben contar los números que hay del uno al veinte sin crear un sistema o patrón. Si dos personas dicen el mismo número, se vuelve a empezar. Si veinte es demasiado difícil, prueba con diez. Si superas los veinte, sigue hasta donde puedas.

Tocar un objeto (en grupo)

Elige un objeto cotidiano. Enumera sus cualidades o atributos. Luego elige cualidades de esa lista y aplícalas a tu problema, idea, dificultad o producto. Pregunta: «¿Cómo podríamos hacerlo más suave?». O: «¿Qué pasaría si fuera redondo?». Usa esta contraposición para generar ideas y hacer emerger diferentes puntos de vista.

Agita ocho (en grupo)

De pie. Agita el brazo derecho ocho veces, luego el brazo izquierdo, la pierna derecha, la pierna izquierda. Luego siete veces, seis, cinco, etcétera. Intenta que todos sigan al líder y se mantengan coordinados.

Búsqueda del tesoro (en grupo)

El facilitador da a los participantes unos pocos segundos para que encuentren un objeto de un tipo concreto (por ejemplo, uno que odien, amen, que sea rojo o que no sepan qué es, etcétera). Intenta que lo hagan en muy poco tiempo, menos de un minuto. La prisa es parte del juego. Luego habla sobre esos objetos o úsalos para «Tocar un objeto» o para contar historias o compartir algo.

Sobre las ilustraciones

Las ilustraciones de este libro fueron en sí mismas un experimento de improvisación. Esto es lo que Nick explica acerca de este proceso:

Trabajar en estas ilustraciones desbloqueó algo en mi práctica artística. Aunque dibujo por placer, es raro que haga un proyecto como este. Cuando recibo un encargo, a menudo me quedo atascado por querer hacerlo «bien» y que sea «bueno», y mi forma de dibujar acaba siendo tensa.

Suelo hacer garabatos mientras hablo con la gente, así que una las propuestas fue hacer eso mismo mientras Rob hablaba de improvisación. Lo intenté por un tiempo y, aunque fue un buen punto de partida, no acabó de hacer clic. Cambié de medios, pasé del lápiz y el papel a un iPad, y garabateé mientras escuchaba el audiolibro. Durante la descripción de uno de los juegos me di cuenta de que lo que hacía «también es un juego» con sus propias reglas y restricciones. Y eso fue lo que provocó el desbloqueo.

Lo que me resultó satisfactorio de verdad fue descubrir que yo funcionaba mejor si me permitía garabatear hasta obtener una primera imagen o idea «jugosa» (como «qué hacen con las plumas»). Entonces me decidía por eso y lo terminaba. Esta combinación de limitación y alegría me liberó y me permitió dejar de lado la idea de «hacerlo bien».

De manera que, sí, los dibujos son el resultado de diferentes pequeños juegos y limitaciones, notando, aceptando y soltando.

Para Nick, la invitación a realizar las ilustraciones llevó a un nuevo producto creativo. Uno no fue la causa del otro, pero, como él mismo dice, «sin esto, no hay aquello».

Sobre el autor

Robert Poynton divide su tiempo entre una casa sin conexión a la red eléctrica y alimentada con energía solar cerca de Arenas de San Pedro (en la España rural) y Oxford, donde es Profesor asociado de la Escuela de Negocios Saïd de dicha Universidad.

Durante más de veinte años ha estado jugando con ideas del mundo de la improvisación y reflexionando sobre cómo estas pueden ayudar fuera del entorno teatral. En Oxford, utiliza las ideas descritas en este libro para ayudar a los líderes a gestionar cambios complejos.

Junto con Gary Hirsh, Robert Poynton fundó On Your Feet, una consultora que aplica estas técnicas y prácticas a empresas y organizaciones. Más recientemente, él y Gary han creado The Everyday Improviser, un breve curso virtual diseñado para hacer llegar los beneficios de estas prácticas a todo el mundo, de manera fácil y rápida.

Yellow, su ocupación actual, es otro proyecto de improvisación. Forma pequeños grupos de aprendizaje en línea diseñados en función a los participantes y no según un programa predeterminado.

Robert Poynton ha hablado y dirigido talleres en Do Lectures, The Skoll World Forum, Singularity University y Schumacher College. Es autor de *Pausa: no eres una lista de tareas*, publicado por Do Books, 2019.

Está casado y tiene tres hijos. Su esposa dirige una granja de carne orgánica.

@robpoynton | robertpoynton.com

Agradecimientos

Primero, gracias a Miranda de Do Books, que siempre se las arregla para restar importancia a las cosas y aportar claras directrices al mismo tiempo, lo cual es maravilloso. Que me invitara a escribir en las Do Lectures, en 2011, representó para mí un punto de inflexión. Los libros en sí mismos me han dado tantas oportunidades, conexiones e ideas que me resulta difícil imaginar la vida sin ellos.

Gracias a David Hieatt por crear las Do Lectures y a Andy Middleton por su invitación. Más de diez años después, sigue dando frutos.

A James Victore por un diseño de portada que captura perfectamente el espíritu de aquello de lo que hablo. A Nick Parker, por las ilustraciones y por estar dispuesto a jugar con la forma en que se crearon. También a Eva Congil y Fernanda Ares de Kōan Libros. La posibilidad de que esta edición se tradujera al español fue un gran incentivo para mí. Gracias.

Gracias a Gary Hirsch de On Your Feet por ser mi hombre clave, en lo que a improvisación se refiere, durante décadas, y una persona con la que da tanto gusto jugar. A todos los demás en On Your Feet por todo el aprendizaje, sus opiniones y la diversión a lo largo de los años.

A Marshall Young y Tracey Camilleri de la Universidad de Oxford, por ayudarme a ver las cosas desde una perspectiva abierta y ofrecerme una plataforma para probar estas ideas con lo que parecía una audiencia improbable. Gracias también a todas las personas que han venido a Oxford, por ser lo suficientemente atrevidas como para probar estas cosas y por darme retroalimentación y seguridad como resultado.

A Lisa Kay Solomon, Nick Parker (¡otra vez!), Kirsten Gunnerud, Steve Chapman, Hugh Derrick y Johnnie Moore por compartir sus experiencias. A David Keating, por las esclarecedoras conversaciones y sus ideas sobre la improvisación en el mundo del cine. A Roland Harwood por su constante inspiración a través de su podcast *On The Edge*. A Leila Ferreira por su generosidad y amabilidad al ofrecerme un lugar en Cascais donde alojarme y escribir justo cuando lo necesitaba. A Alex Carabi por acompañarme en la aventura de improvisación que es Yellow. Es el compañero más sabio que uno podría desear.

A mi esposa Beatriz por darme apoyo práctico, aliento y por escuchar innumerables fragmentos leídos en voz alta. Todos necesitamos ser escuchados, y eso es particularmente importante para un escritor.

Esta edición está dedicada a mis tres hijos, Pablo, Mateo y Bruno, que tendrán que adaptarse y cambiar mucho más que las generaciones anteriores. Aunque no lo saben, ellos son los que me han enseñado gran parte de lo que sé sobre improvisación. Solo espero que este libro contenga algo que algún día les parezca útil.

Libros en esta colección

Pausa
Robert Poynton

Vuela
Gavin Strange

Storytelling
Bobette Buster

Propósito
David Hieatt

Diseña
Alan Moore

Construye valor
Alan Moore

Respira
Michael Townsend Williams

Camina
Libby DeLana

Tierra
Tamsin Omond

Improvisa
Robert Poynton